国有企业保密日常管理实务

李　哲　郭　桐　陈　颖
石磊磊　宋慧敏　主　编

燕山大学出版社
·秦皇岛·

图书在版编目（CIP）数据

国有企业保密日常管理实务 / 李哲等主编. —2 版.—秦皇岛：燕山大学出版社，2023.2
ISBN 978-7-5761-0482-0

Ⅰ. ①国… Ⅱ. ①李… Ⅲ. ①国有企业－企业管理－保密－工作－中国 Ⅳ. ①F279.241

中国版本图书馆 CIP 数据核字（2022）第 255489 号

国有企业保密日常管理实务

李 哲 郭 桐 陈 颖 石磊磊 宋慧敏 主编

出 版 人：	陈 玉		
责任编辑：	王 宁	**策划编辑：**	王 宁
责任印制：	吴 波	**封面设计：**	刘韦希
出版发行：	燕山大学出版社 YANSHAN UNIVERSITY PRESS	**电 话：**	0335-8387555
地 址：	河北省秦皇岛市河北大街西段 438 号	**邮政编码：**	066004
印 刷：	涿州市般润文化传播有限公司	**经 销：**	全国新华书店

开 本：	700 mm×1000 mm 1/16	**印 张：**	11
版 次：	2023 年 2 月第 2 版	**印 次：**	2023 年 2 月第 1 次印刷
书 号：	ISBN 978-7-5761-0482-0	**字 数：**	210 千字
定 价：	52.00 元		

《国有企业保密日常管理实务》编审委员会

主　　任：焦永军

副 主 任：马国立　　韩　涛

编　　委：尹怀更　　陈香宇　　张朝彬　　李国冀　　于振江
　　　　　杨　健　　郑永强

主　　编：李　哲　　郭　桐　　陈　颖　　石磊磊　　宋慧敏

编写人员：张庆峰　　李祥仲　　高　博　　张　龙　　赵　亮
　　　　　张晏铭　　杨　博　　孟　岩　　李　强　　贺新营
　　　　　秦召磊　　张　浩

目　录

第一章　保密工作发展历史与面临的形势

第二章　保密法律法规和规章制度

第三章　保密责任制

第四章　定密知识

第五章　涉密人员上岗前保密知识

第六章　涉密人员在岗保密知识

第七章 保密离岗管理法律法规与规章制度

第八章 新入职员工保密知识

第九章 商业秘密保护与防范知识

第十章　保密管理与防范技能常识

第十一章 保密检查技术

第十二章 如何做一名合格的保密干部

附录

第一章　保密工作发展历史与面临的形势

一、保密的概念

“保密”，顾名思义，就是保守秘密。“秘密”一词，从词源上最早可以追溯到“祕”字，“秘密”一词中的“秘”是“祕”字的异体字。

《说文解字》中解释：“祕”者，神秘，不可为外界探测之意，也有隐秘、稀奇、封闭之意。后将“祕”与“密”二字连用，意指不得外传的机要事宜，也就是紧要之事。

比如，《史记·陈丞相世家》中“高帝既出，其计祕，世莫得闻”，就道出“秘密”一词的本质含义。

在日常生活中，按照保密的利益主体不同，秘密可以分为国家秘密和企业秘密两种。

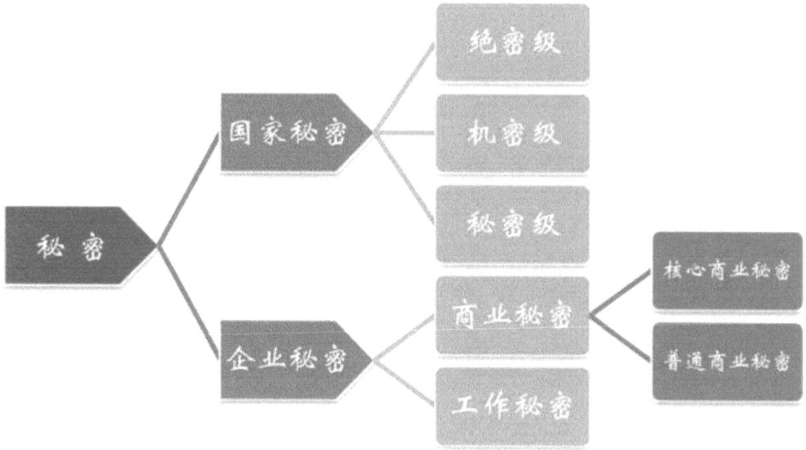

（一）国家秘密的概念及范围

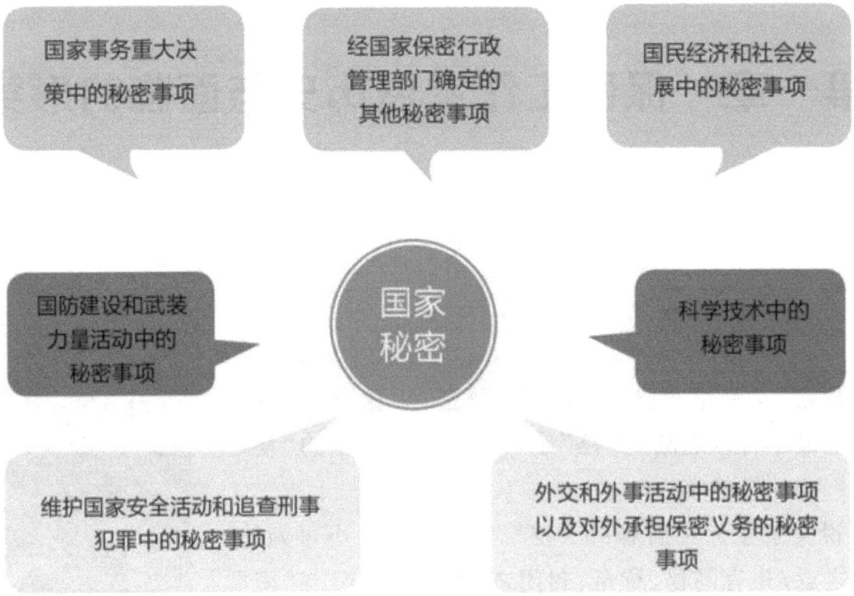

国家秘密是指关系国家安全和利益，依照法定程序确定，在一定时间内只限一定范围的人员知悉的事项。国家秘密的密级分为绝密、机密、秘密三级。

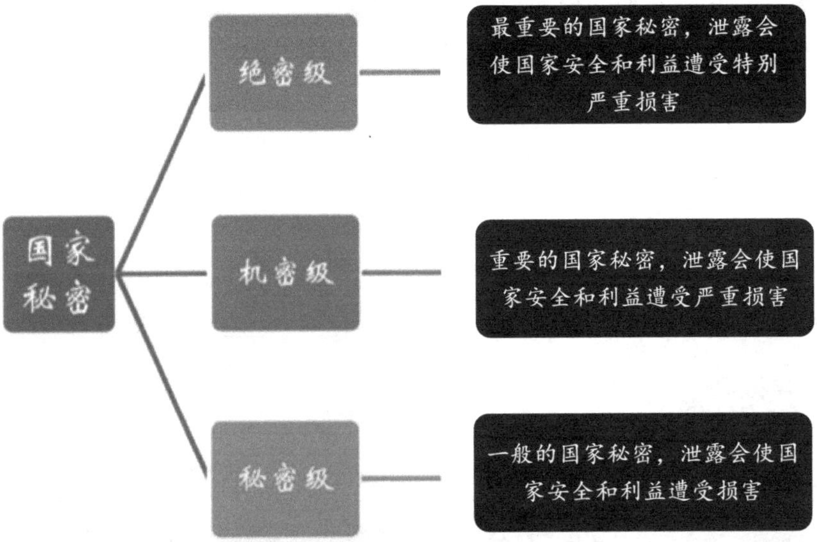

（二）企业秘密的概念及范围

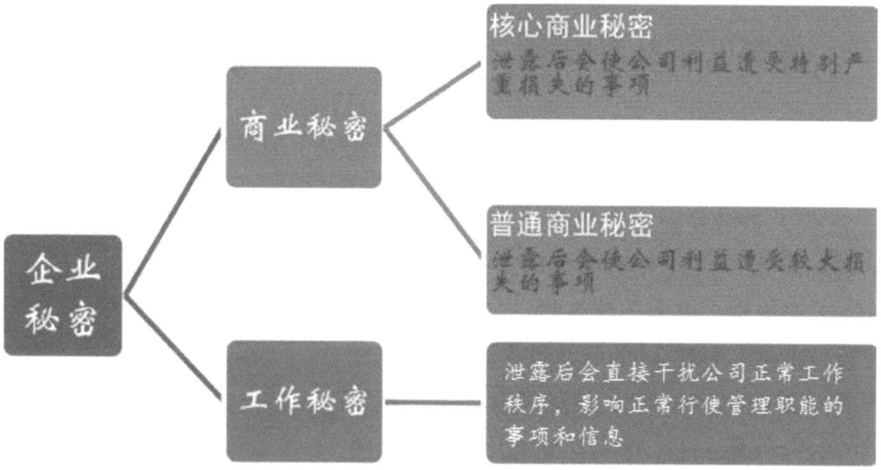

1. 商业秘密的概念和范围

商业秘密是指为公司所有且不为公众所知悉，能为公司带来经济利益，具有实用性并经公司采取保密措施的技术信息和经营信息。商业秘密的密级分核心商业秘密和普通商业秘密两级。

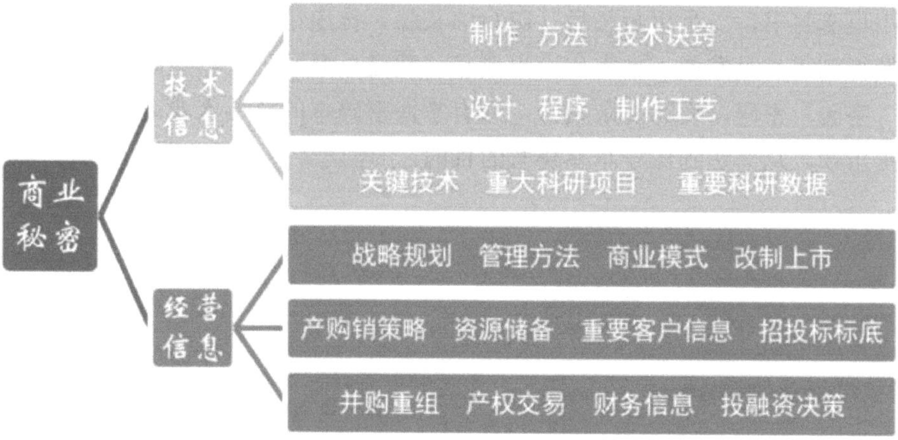

2. 工作秘密的概念和范围

工作秘密是指公司在公务活动和内部管理中产生的，在一定时间内不宜对外公开，一旦泄露会直接干扰公司正常工作秩序，影响正常行使管理职能的事项和信息。

工作秘密一般标识为“内部事项”或“内部资料”。

二、保密工作发展历史

（一）保密工作历史变迁

1. 古代人类经验型保密工作

从总体上看，古代人类的保密工作偏重于实用性，缺乏理论性；偏重于特殊性，缺乏普遍性；止于经验技能性，缺乏科学系统性。

人类早期的保密工作突出表现为以手工操作为基础的经验技能。商末周初，姜子牙曾发明“阴符”“阴书”等传递秘密的方法。“阴符”是按照事先约定，以不同长度的木板、竹节代表不同的含义。由于符上并无文字记载其秘密事项，即便丢失或为敌方所得也不致泄密。“阴书”是将有关秘密事项以文字刻写在一块木板上，尔后一破为三，三人各执一片，人到齐后，合三为一，方能显示出完整的秘密事项的内容，这样也能避免因其中一片在传递途中丢失而使秘密泄露。

春秋时期，出现了封泥技术。到了汉代，保密技能有了两项新的发明：一是发明了用皂囊封书，二是用封长檄（印封的长牒）传递秘密。在古代，保密技能在军事领域得到了长足发展。据宋代军事典籍《武经总要》记载，当时军队传递情报即用了“字验”密码，设计复杂周密，只有掌握密码本的核心人员方可查出密码所示的机密事项，从而达到保守军事秘密的目的。

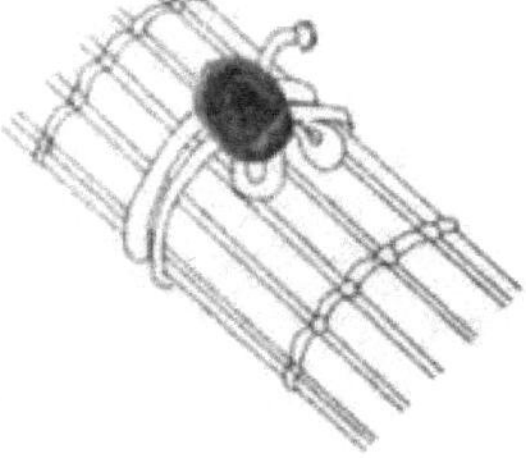

2. 近代人类技术型保密工作

随着近代科技的发展，保密工作也进入了典型的技术型发展时期。近代以后，人们逐渐认识到传统保密方法的局限性，开始寻求保密、传密、破密、截密、窃密的技术手段，并取得了一些重要进展。例如，在19世纪中叶，出现了秘密通信（传递）的密码技术以及截收和破译密码技术的侦察等技术。1844年5月，美国人莫尔斯用电报传递信息试验成功，50年后，意大利人马可尼进一步发明了无线电报机，密码通信由此兴起，并引起侦收、密码破译技术和实践的重大变革，开辟出保密工作的新领域，推动了保密技术的整体发展。特别是随着通信技术、雷达技术、照相成像技术和遥感遥测技术的发展，衍生出防窃听、防侦听、防窃照、防复印、防破译、防通信截收等新的技术。在保密工作领域中，保密与窃密、密码通信与接收和破译密码的斗争变的十分激烈，一方积极防护、戒备森严，另一方则千方百计、无孔不入，演绎出一幕幕惊心动魄的密战活剧。

3. 现代人类信息型保密工作

从20世纪50年代中期开始，计算机的发明应用使保密工作进入信息化时代，网络、电缆、光纤、卫星网、定位系统、网络安全技术等的广泛运用，促使传统的保密与反保密手段向信息化转化，人类的保密工作也随之进入信息型阶段。进入21世纪后，现代信息技术迅猛发展，保密技术得到全方位的创新发展：一是各种防侦测定位和精确攻击手段，以及防网络病毒技术、防黑客技术和数据备份与恢复等，成为保密工作的重要内容；二是电子技术，尤其是微电子等高新技术的发展，为窃听、窃照、窃视以及密写和谍报伪装等提供了更为准确、隐蔽和高效的技术手段，使防范窃听、窃照、窃视成为保密斗争的重要战场；三是侦察机、无人驾驶高空侦察机、侦察卫星的发展和广泛应用，将保密斗争引向空中、外层空间；四是计算机及其信息网络在保密领域的普遍应用，使计算机信息网络成为保密斗争的新的重要领域。

（二）党的保密工作发展历史

1. 革命战争年代党的保密工作

革命战争年代，保密就是保生存、保胜利。保密工作伴随着党的筹建而产生，并卓有成效地保障党从无到有、从小到大、由弱变强，不断取得胜利直至夺取全国政权。

为确保秘密安全，党的一大曾三移会场，最后从上海转移到浙江嘉兴南湖的一条游船上，胜利地召开了党的一大。

党的一大通过的《中国共产党第一个纲领》明确指出："在党处于秘密状态时，党的重要主张和党员身份应保守秘密。"这是我党最早的保密工作规定。

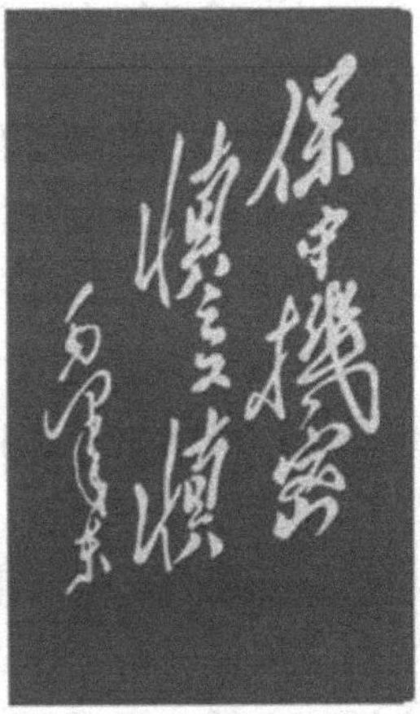

1922 年 7 月，党的二大通过的《中国共产党章程》第一次明确了更加严格的保密纪律，凡党员"泄露本党秘密"者，"必须开除之"。

1929 年 2 月，中央成立以周恩来同志为首的中央秘密工作秘密委员会，制定《中共中央秘密工作条例》。

1941 年，毛泽东同志为军委机要工作题写"保守机密，慎之又慎"几个大字。

党的保密工作是在毛泽东、周恩来、刘少奇、朱德等老一辈无产阶级革命家的亲切关怀下建立和发展起来的，保密工作的各项成就都浸透着他们的心血和汗水。无论是在白区的地下斗争中，还是在战争环境里，他们总是以身作则，或亲手制定保密工作的方针政策，或主持组建党政军保密工作机构，或指导制定保密规章制度，或倡导培育保密工作的优良传统和作风。如 20 世纪 20 年代，周恩来同志与邓颖超同志分居广州和天津，二人虽保持着密切的通信联系，却相互不谈党内之事，直到 1925 年邓颖超同志调至广州工作后，才知道彼此都是中国共产党党员。

2. 和平建设时期党的保密工作

和平建设时期，保密就是保安全、保发展。随着党的工作中心的转移，保密工作的主要任务由保障夺取政权的政治、军事斗争的胜利转移到维护国家安全和利益、保障社会主义革命和建设事业的顺利进行上来，保密工作从环境、内容到管理深度、广度均发生了根本性变化。

1951 年 4 月，经毛泽东提议和中央决定，中央保密委员会召开了第一次全国保密会议，讨论修改并经党中央和政务院批准，下发了《中国共产党中央关于加强保守党与国家机密的补充决定》《中国共产党各级党委保密委员会组织通则》《中国共产党中央关于保守党与国家机密奖惩暂行办法》《保守国家机密暂行条例》等文件（法规）。

3. 和平建设时期党的保密工作

1951 年，毛泽东同志在中央政治局会议上提出的对保密的要求

1950 年，邓小平同志就保密精辟论述

4. 新时期党的保密工作

新形势下的保密工作直接关系到国家安全、经济发展和社会稳定，关系到中国特色社会主义建设事业的顺利进行。保密工作要有利于社会主义现代化建设事业，这是改革开放新时期保密工作的出发点和归宿。

1983 年 4 月，中央保密委员会召开省（区、市）保密工作座谈会，提出新时期保密工作的指导思想是“提高革命警惕，贯彻突出重点、积极防范的方针，坚持内外有别、既便利工作又确保秘密的原则，确保党和国家的核心秘密。有领导、有控制地放宽对非核心秘密的限制，更好地为社会主义现代化建设服务”。

1986 年 9 月，中央保密委员会召开中央和国家机关保密工作会议，提出“越是改革开放，越要加强保密工作”。

1996 年，江泽民同志在全国保密工作座谈会上深刻指出：“保守党和国家的秘密，包括经济科技领域的秘密，是关系民族利益、国家利益和人民利益的大事。如果不这样提出和认识问题，我们就会在复杂的斗争和激烈的综合国力竞争中误大事、吃大亏。”

进入 21 世纪，胡锦涛同志对加强新形势下的保密工作作出一系列重要指示，强调保密委要采取措施，加强保密教育，完善有关制度；必须尽快采取切实有效的措施，增强敌情观念，完善技术手段，严格网络管理，确保网络安全。

党的十八大以来，以习近平同志为核心的党中央高度重视保密工作，要求克服麻痹思想，切实加强保密教育，落实保密责任，严格保密纪律，完善保密措施并认真抓好落实，确保保密工作万无一失。

（三）商业秘密发展历史

商业秘密是市场竞争的必然产物，在市场经济条件下，市场主体要想在激烈的竞争中立于不败之地，就必须不断开发新技术，拓展营销渠道，而一旦掌握了某种技术或经营诀窍，并借此能取得竞争优势时，必然会在主观上产生保密意识，客观上采取保密措施。因此，保护商业秘密是市场主体的必然选择。

早在古代社会，商业秘密即以“祖传秘方”“家传绝技”等形式存在了，只不过当时尚未从法律上赋予其知识产权的性质，近代法律意义上的商业秘密是随着市场经济的发展，作为对专利制度的补充而出现的。个人将技术秘密申请专利，就是一种商业秘密的利用行为，其没有经营，更没有盈利，但却属于利用“商业秘密”。

三、保密工作的地位和作用

（一）保密工作是党和国家事业的重要组成部分

1. 保密工作是党和国家事业发展的重要保障

国之利器，不可以示人。任何一个国家要独立自主屹立于国际社会，免受外来干涉并保持长期稳定发展，都必须首先保护好关系本国安全和利益的国家秘密。

2. 保密工作是国家能力的重要体现

在世情、国情、党情深刻变化的今天，只有不断提高保密能力、做好保密工作，才能有力地提高综合国力、竞争能力、军事斗争制胜能力、信息社会管控能力。

3. 保密工作是维护国家信息安全的基本保证

国家秘密是国家安全和利益的信息表现形式，是国家财产的一种特殊形态。随着信息时代特别是网络时代的到来，信息空间已成为国家主权的重要内容。确保国家秘密信息安全，控制信息传播的内容与方式，是维护国家主权的必然要求。

（二）保密工作是维护国家政治、经济、国防、外交、科技等安全的重要基础

1. 保密工作事关政治安全

政治安全是国家安全的前提和基础，只有做好保密工作，才能有效保护可能被敌对势力利用而引发社会动荡的重要决策信息、敏感政治信息，防止对社会稳定产生不利影响，最大限度地减少不和谐因素，为国家政治安全提供有力保障。

2. 保密工作事关经济安全

经济在国家发展中占据极其重要的地位，是决定国际关系格局变化和国家综合竞争力、影响力的关键因素。经济领域的保密工作，是经济工作的重要组成部分，也是保障国家经济安全和经济发展的必然要求。

3. 保密工作事关国防安全

保密工作对于国防安全而言，不仅具有战争时期保生存、保胜利的重要作用，而且在和平时期同样担负着保准备、保打赢的历史使命。

4. 保密工作事关外交安全

发展对外关系，根本目的在于维护国家安全和利益，为国家的经济社会发展营造和平稳定的周边环境和国际环境。保密工作稍有不慎，就可能对国家形象、信誉和对外关系以至国家安全和利益带来严重影响。

5. 保密工作与科技安全

保密工作对于科技安全的根本意义就在于保护科学技术的领先性和独有性，增强科技竞争实力。

（三）保密工作是机关、单位保密管理水平的综合体现

1. 保密工作体现机关、单位人员管理水平

保密素质是机关、单位干部职工政治素质的重要内容，保密意识是机关、单位职工政治意识的重要体现。一个干部职工保密素质高、保密意识强的机关、单位，其干部职工往往在整体上具有较高的政治素质和政治意识，同时，这样的机关、单位在人员管理上往往比较严格、规范。

2. 保密工作体现机关、单位信息管控水平

对涉密文件资料、电磁介质、计算机信息系统等信息载体的管理既是保密工作的重要内容，也是信息化工作的重要方面。保密管理严格，一方面，可以有效保护国家秘密信息安全，防止泄密发生；另一方面，可以严格公文运转程序，提高公文运转效率，便利信息资源的合理利用，从而明显地提升机关、单位行政效能。

3. 保密工作体现领导干部的行政管理水平

懂不懂保密、会不会保密、能不能抓好保密，直接体现一个机关、单位领导干部的政治责任感、政治敏锐性和行政领导力、执行力以及风险管理能力的高低。

（四）保密工作是电力企业健康发展的重要保障

电力企业是国民经济的一项基础产业。电力企业的发展水平已成为反映国家经

济发达程度的重要标志，每当用电量增加1%时，GDP就会增长0.376%。供电公司是电力企业中的重要组成部分，保密工作是保障供电公司健康发展的重要手段之一，一旦保密工作出现问题，不仅会对供电公司的生产经营造成威胁，影响电力企业的发展，甚至会给社会带来不稳定的因素，为国民经济的发展带来负面效应。因此，供电公司不仅要把主营业务做好，还要将企业的保密工作放到一个新高度来认识。保密工作的专业性极强，需要充分认识到其重要作用，并通过开展保密教育工作、完善各项保密制度、充分利用信息技术等途径，有效防止国家秘密、商业秘密和工作秘密信息的泄露，使其在维护供电企业的安全与稳定、推动企业健康发展等过程中，发挥应有的作用。

第二章 保密法律法规和规章制度

一、保密法制的历史沿革

（一）中国古代的保密法制

保密是一种手段，是为统治阶级利益服务的手段。在有阶级的社会中，由于政治和军事斗争的需要，逐步出现了保密的思想和制度。我国有文字记载的保密思想可以追溯到4000多年前的商、周时代。《周易》中对保密的思想以及君、臣各自应承担的保守秘密的责任作了最初的阐述。《易•系辞上》中有："子曰：乱之所生也，则言语以为阶。君不密则失臣，臣不密则失身，几事不密则害成。是以君子慎密而不出也。"

1. 西周时期

我国最早的保密法规与保密制度始见于西周。《周礼•秋官•士师》记载的"八成"是八类罪名，其中有"邦汋"罪与"邦谍"罪。"邦汋"罪即刺探国家机密罪；"邦谍"罪，即间谍罪。对这两类罪行的处罚为"巡邦国，搏谍贼"，"掌斩杀贼谍而搏之"。

"一合而再离、三发而一知"的"阴书"，其发明人是西周宰相姜子牙。其书写方法是将三支竹简竖放排列，横向书写文书内容，每行三字，分书三简，然后又分开，每简只包括三分之一文字内容，将三简分三人次投递，称为"一合而再离"；收文者只有收齐三简，才能阅知文书内容，称为"三发而一知"。这种"阴书"分开投递，只有同时得到三简才可知其文字内容，故泄密的风险较低。

2. 秦汉时期

秦朝法律以魏国《法经》为本，其作用为维护皇帝的君权和军权，保护皇帝行踪和生死之秘密。例如，从出土的《睡虎地秦墓竹简》来看，秦朝已经对机要文书的传递作了比较详尽的规定，并规定对文书传递采取保密措施。

汉朝的“泄漏省中语”罪，就是指汉代大臣如私泄露官省政事机密，即以此罪依律论处。

3. 隋唐时期

我国集封建法典之大成者《唐律疏议》，不但在“职制篇”专条规定了“漏泄大事”罪，而且在其他相关篇、条规定了“盗密”罪，同时规定了相应罚则。

（1）漏泄秘密罪

《唐律疏议·职制》“漏泄大事”条是对漏泄秘密罪的专条规定。该条规定设定了“事应密”的概念，包括“大事应密”和“非大事应密”，确定了秘密的范围及含义，规定了对泄密罪的处罚原则。

（2）泄露司法秘密罪

“大事应密”包括司法秘密，但《唐律疏议·捕亡》“捕罪人漏露其事”条又对此作了规定：“诸捕罪人，有漏露其事，令得逃亡者，减罪人罪一等。”

（3）漏泄军事秘密罪

“大事应密”也包括军事秘密。《唐律疏议·擅兴》“征讨告贼消息”条规定：“诸密有征讨而告诫消息者，斩；妻、子流二千里。其非征讨，而作间谍，若化外人来为间谍，或传书信与化内人，并受及知情容止者，并绞。”

（4）接触秘密文书罪

《唐律疏议·杂律》“私发制书官文书印封”条规定：“诸私发官文书印封视书者，杖六十；制书，杖八十；若密事，各依漏泄坐减二等。即误发，视者各减二等，不视其不坐。”

（5）与皇帝决策密切联系的保密制度

唐代所谓“密”，也称“枢密”或“机密”，内容很广，范围却不广，是指皇帝与大臣之间已经谋议而未施行的一切事项。

唐史记载中，有许多处分泄密官员的事例。如太宗时，宰相王珪因“坐漏泄禁中语，左迁同州刺史”；武则天时，秋官尚书杜景俭“坐漏泄禁中语，左授司刑少卿”；玄宗开元时，黄门侍郎张廷珪“坐漏泄禁中语，出为沔州刺史”。

4. 明清时期

明朝的保密立法，在基本沿用唐律的同时有所增删。

（1）泄露“机密大事”与“军情要事”罪

《大明律·吏律》“公式”门“漏泄军情大事”条，首先规定了漏泄“机密大事”与“军情重事”二罪。“机密大事”，是指“朝廷及统兵将军调兵讨袭外藩，及收捕反逆贼徒”两方面事务。《大明律》规定，“凡闻知”这两方面“机密大事”“而辄漏泄于敌人者，斩”。

（2）漏泄机密重事罪

《大明律》“漏泄军情大事”条还针对“近侍官员”规定了“漏泄机密重事”罪：“若近侍官员漏泄机密重事于人者，斩。”“近侍官员”，指在皇帝身边工作的机要官员。

（3）漏泄事情罪

《大明律·吏律》“职制”门“交结近侍官员”条规定：“凡诸衙门官吏，若与内官及近侍人员互相交结，漏泄事情，夤缘作弊，而附同奏启者，皆斩，妻、子流二千里安置。”

（4）奸细罪

《大明律·兵律》“关律”门“盘诘奸细”条规定：“凡缘边关塞及腹里地面，但有境内奸细走透消息于外人，及境外奸细入境内探听事情者，盘获到官，须要鞫问接引、起谋之人，得实，皆斩。”

（5）遗失机密罪

《大明律·吏律》“公式”门“弃毁制书印信”条规定：“凡遗失制书、圣旨、符验、印信、巡牌者，杖九十，徒二年半；若官文书，杖七十。”

（二）清末民国的保密法制

1. 清末时期

鸦片战争以后，清政府采取了改进保密技术和建立健全保密法制的措施。一是建立电报保密制度，定期修订密码本，颁布《泄漏电报处分章程》，确立泄露电报责任追究制度；二是颁布《钦定大清刑律》，设立专章“泄漏机务罪”，确立泄露国家秘密罪及其责任追究制度；三是颁布《惩治泄漏军事机密章程》，建立泄露军事机密责任追究制度；四是颁布《报章应守规则》（1906 年）、《大清报律》（1908 年）及《钦定大清报律》（1910 年）等新闻法规，初步建立新闻保密审查制度，禁止报纸登载国家秘密事项。

2. 民国时期

北洋政府时期，基本沿用清朝的保密法制，如《暂行新刑律》“泄漏机务罪”基本沿用《钦定大清刑律》有关内容，《报纸条例》“禁载”部分也基本沿用《钦定大清报律》有关内容。同时，个别地方有所变动，如应报界要求，陆军部颁布了《报纸应守军事秘密范围条款》，首次对所谓“军事秘密”的具体范围作出规定，使“禁载”有章可循。

国民政府时期，一是改革刑法典关于泄密罪的规定。在体例上，仿照西方刑法，将“泄漏机务罪”有关规定，分别并入外患罪和渎职罪；在内容上，区分战时与和平时期，区分国防秘密、军事秘密和其他秘密，量刑总体上有所减轻，不设死刑。同时立法院还陆续颁布《陆海空军刑法》《军机防护法》《惩治汉奸条例》等多个刑事法规，司法院也发布多个司法解释，对泄密罪的定罪量刑作出具体规定；二是建立战时新闻保密检查制度。颁布《战时新闻禁载标准》《战时新闻违检惩罚办法》等，对外交、军事、政治、经济等方面禁载事项作出明确规定；三是强化内部保密制度。1944 年颁布《机密文件管理办法》等。

（三）新民主主义革命时期的保密法制

1. 第一次国内革命战争时期

1921 年 7 月，中国共产党第一次全国代表大会通过的《中国共产党第一个纲领》明确规定：“在党处于秘密状态时，党的重要主张和党员身份应保守秘密。”

1922 年通过的《中国共产党章程》第四章“纪律”规定，“泄露本党秘密者，必须开除之”。

1926 年 1 月，中央组织部下发建党以来第一份关于保密工作的专门文件——《加强党的秘密工作》通告，指出“秘密我们的组织至关重要”，“组织上秘密即是保护组织，即是看重革命。不守秘密，即是变相的告密，是破坏组织的反动行为”。

1928 年 12 月和 1929 年 3 月，中共中央又连续发出《中共中央关于文书工作的技术问题给各省委的通知》的指示信和《中共中央秘密工作委员会关于秘密技术工作的规定》，强调机密文件要密写，配备保密人员，掌握密定技术，并制定“紧急电报之密语”。

1930 年，《中共中央关于建立保密工作通告》要求各级秘委“用各种方法检查秘密工作”，“对秘密工作有疏忽者，应予以纪律之处分”。

1934 年 4 月 8 日，中央办区公布《中华苏维埃共和国惩治反革命条例》，其第十条、第十五条对保密作出专门规定。

1934 年 8 月 9 日，《中共中央关于秘密工作基本规则》对保密工作作了缜密的部署。在长征途中，中央革命军事委员会于 1934 年 10 月发布了《中央军委关于转移中的文电处理和保管办法》，以加强文电保密管理。

2. 抗日战争时期

根据抗日斗争新形势的需要，党中央陆续发布《中共中央关于秘密的几个决定》等保密工作文件十余份，详细部署锄奸斗争和保密工作。

1939 年，《陕甘宁边区抗战时期惩治汉奸条例（草案）》规定：“进行各种侦探间谍及一切秘密特务工作者”，即以汉奸论罪，处罚是“视情节之轻重，判有期徒刑或死刑，并没收本犯之全部财产或处以罚金”。

1942 年 12 月，中共中央办公厅发出《关于阅读和保管秘密文件规则》，首次将秘密文件的密级规定为普通、普密、机密、绝密等四个等级，并明确规定了各类秘密文件的传达阅读范围和保密要求。

3. 解放战争时期

1948 年 5 月起，党中央相继制定了《中共中央保密委员会章程（草案）》《中央关于中央各部委处理机密文件的制度》《中央及军委关于严加注意保密的指示》《中央及军委关于保密和电报管理制度的指示》，标志着党的保密工作在新形势下走向统一、健全和规范化。

（四）新中国成立后的保密法制

1950 年 2 月 24 日，中央人民政府政务院发布了《关于各级政府工作人员保守国家机密的指示》。

1950 年 10 月 5 日，《关于加强保守党和国家的机密的决定》公布实行。

1951 年 6 月，《保守国家机密暂行条例》公布实行，该条例共 20 条，对国家秘密的范围、保密组织、保密制度等问题作出了规定。

1953 年 2 月 1 日，《中国人民解放军秘密文件保密工作细则》颁发。

1988 年 9 月 5 日，第七届全国人大常委会第三次会议通过并公布了《中华人民共和国保守国家秘密法》，于 1989 年 5 月 1 日施行，这是新中国第一部自成体系的保密法律，意义重大、影响深远，是我国保密工作走上法制化轨道的重要标志，对我国保密工作发挥了重要的保障和促进作用。2010 年 4 月 29 日第十一届全国人民代表大会常务委员会第十四次会议进行了修订，于 2010 年 10 月 1 起施行。

1990 年 5 月 25 日，国家保密局颁布了《中华人民共和国保守国家秘密法实施办法》。2014 年 1 月 17 日，中华人民共和国国务院第 646 号令公布了《中华人民共和国保守国家秘密法实施条例》，于 2014 年 3 月 1 日起施行。

二、我国现行的保密法律法规

（一）《中华人民共和国宪法》节选

第五十三条　中华人民共和国公民必须遵守宪法和法律，保守国家秘密，爱护公共财产，遵守劳动纪律，遵守公共秩序，尊重社会公德。

（二）《中华人民共和国刑法》节选

第一百零九条　【叛逃罪】国家机关工作人员在履行公务期间，擅离岗位，叛逃境外或者在境外叛逃的，处五年以下有期徒刑、拘役、管制或者剥夺政治权利；情节严重的，处五年以上十年以下有期徒刑。

掌握国家秘密的国家工作人员叛逃境外或者在境外叛逃的，依照前款的规定从重处罚。

第一百一十条　【间谍罪】有下列间谍行为之一，危害国家安全的，处十年以上有期徒刑或者无期徒刑；情节较轻的，处三年以上十年以下有期徒刑：

（1）参加间谍组织或者接受间谍组织及其代理人的任务的；

（2）为敌人指示轰击目标的。

第一百一十一条　【为境外窃取、刺探、收买、非法提供国家秘密、情报罪】为境外的机构、组织、人员窃取、刺探、收买、非法提供国家秘密或者情报的，处五年以上十年以下有期徒刑；情节特别严重的，处十年以上有期徒刑或者无期徒刑；情节较轻的，处五年以下有期徒刑、拘役、管制或者剥夺政治权利。

第一百一十三条　【危害国家安全罪适用死刑、没收财产的规定】本章上述危害国家安全罪行中，除第一百零三条第二款、第一百零五条、第一百零七条、第一百零九条外，对国家和人民危害特别严重、情节特别恶劣的，可以判处死刑。

犯本章之罪的，可以并处没收财产。

第二百一十九条　【侵犯商业秘密罪】有下列侵犯商业秘密行为之一，给商业秘密的权利人造成重大损失的，处三年以下有期徒刑或者拘役，并处或者单处罚金；

造成特别严重后果的，处三年以上七年以下有期徒刑，并处罚金：

（1）以盗窃、利诱、胁迫或者其他不正当手段获取权利人的商业秘密的；

（2）披露、使用或者允许他人使用以前项手段获取的权利人的商业秘密的；

（3）违反约定或者违反权利人有关保守商业秘密的要求，披露、使用或者允许他人使用其所掌握的商业秘密的。

明知或者应知前款所列行为，获取、使用或者披露他人的商业秘密的，以侵犯商业秘密论。

本条所称商业秘密，是指不为公众所知悉，能为权利人带来经济利益，具有实用性并经权利人采取保密措施的技术信息和经营信息。

本条所称权利人，是指商业秘密的所有人和经商业秘密所有人许可的商业秘密使用人。

第二百二十条 【单位犯侵犯知识产权罪的处罚规定】单位犯本节第二百一十三条至第二百一十九条规定之罪的，对单位判处罚金，并对其直接负责的主管人员和其他直接责任人员，依照本节各该条的规定处罚。

第二百八十二条 【非法获取国家秘密罪；非法持有国家绝密、机密文件、资料、物品罪】以窃取、刺探、收买方法，非法获取国家秘密的，处三年以下有期徒刑、拘役、管制或者剥夺政治权利；情节严重的，处三年以上七年以下有期徒刑。

非法持有属于国家绝密、机密的文件、资料或者其他物品，拒不说明来源与用途的，处三年以下有期徒刑、拘役或者管制。

第二百八十三条 【非法生产、销售专用间谍器材、窃听、窃照专用器材罪】非法生产、销售专用间谍器材或者窃听、窃照专用器材的，处三年以下有期徒刑、拘役或者管制，并处或者单处罚金；情节严重的，处三年以上七年以下有期徒刑，并处罚金。

单位犯前款罪的，对单位判处罚金，并对其直接负责的主管人员和其他直接责任人员，依照前款的规定处罚。

第二百八十四条 【非法使用窃听、窃照专用器材罪；考试作弊罪】非法使用窃听、窃照专用器材，造成严重后果的，处二年以下有期徒刑、拘役或者管制。

第二百八十五条 【非法侵入计算机信息系统罪；非法获取计算机信息系统数据、非法控制计算机信息系统罪；提供侵入、非法控制计算机信息系统程序、工具罪】违反国家规定，侵入国家事务、国防建设、尖端科学技术领域的计算机信息系统的，处三年以下有期徒刑或者拘役。

违反国家规定，侵入前款规定以外的计算机信息系统或者采用其他技术手段，获取该计算机信息系统中存储、处理或者传输的数据，或者对该计算机信息系统实施非法控制，情节严重的，处三年以下有期徒刑或者拘役，并处或者单处罚金；情节特别严重的，处三年以上七年以下有期徒刑，并处罚金。

提供专门用于侵入、非法控制计算机信息系统的程序、工具，或者明知他人实施侵入、非法控制计算机信息系统的违法犯罪行为而为其提供程序、工具，情节严重的，依照前款的规定处罚。

单位犯前三款罪的，对单位判处罚金，并对其直接负责的主管人员和其他直接责任人员，依照各该款的规定处罚。

第二百八十六条　【破坏计算机信息系统罪；网络服务渎职罪】违反国家规定，对计算机信息系统功能进行删除、修改、增加、干扰，造成计算机信息系统不能正常运行，后果严重的，处五年以下有期徒刑或者拘役；后果特别严重的，处五年以上有期徒刑。

违反国家规定，对计算机信息系统中存储、处理或者传输的数据和应用程序进行删除、修改、增加的操作，后果严重的，依照前款的规定处罚。

故意制作、传播计算机病毒等破坏性程序，影响计算机系统正常运行，后果严重的，依照第一款的规定处罚。

单位犯前三款罪的，对单位判处罚金，并对其直接负责的主管人员和其他直接责任人员，依照第一款的规定处罚。

第二百八十七条　【利用计算机实施犯罪的提示性规定】利用计算机实施金融诈骗、盗窃、贪污、挪用公款、窃取国家秘密或者其他犯罪的，依照本法有关规定定罪处罚。

第三百九十八条　【故意泄露国家秘密罪；过失泄露国家秘密罪】国家机关工作人员违反保守国家秘密法的规定，故意或者过失泄露国家秘密，情节严重的，处三年以下有期徒刑或者拘役；情节特别严重的，处三年以上七年以下有期徒刑。

非国家机关工作人员犯前款罪的，依照前款的规定酌情处罚。

第四百三十一条　【非法获取军事秘密罪；为境外窃取、刺探、收买、非法提供军事秘密罪】以窃取、刺探、收买方法，非法获取军事秘密的，处五年以下有期徒刑；情节严重的，处五年以上十年以下有期徒刑；情节特别严重的，处十年以上有期徒刑。

为境外的机构、组织、人员窃取、刺探、收买、非法提供军事秘密的，处十年以上有期徒刑、无期徒刑或者死刑。

第四百三十二条　【故意泄露军事秘密罪；过失泄露军事秘密罪】违反保守国

家秘密法规，故意或者过失泄露军事秘密，情节严重的，处五年以下有期徒刑或者拘役；情节特别严重的，处五年以上十年以下有期徒刑。

战时犯前款罪的，处五年以上十年以下有期徒刑；情节特别严重的，处十年以上有期徒刑或者无期徒刑。

（三）《中华人民共和国刑事诉讼法》节选

第五十二条　人民法院、人民检察院和公安机关有权向有关单位和个人收集、调取证据。有关单位和个人应当如实提供证据。

行政机关在行政执法和查办案件过程中收集的物证、书证、视听资料、电子数据等证据材料，在刑事诉讼中可以作为证据使用。

对涉及国家秘密、商业秘密、个人隐私的证据，应当保密。

凡是伪造证据、隐匿证据或者毁灭证据的，无论属于何方，必须受法律追究。

第一百五十条　采取技术侦查措施，必须严格按照批准的措施种类、适用对象和期限执行。

侦查人员对采取技术侦查措施过程中知悉的国家秘密、商业秘密和个人隐私，应当保密；对采取技术侦查措施获取的与案件无关的材料，必须及时销毁。

采取技术侦查措施获取的材料，只能用于对犯罪的侦查、起诉和审判，不得用于其他用途。

公安机关依法采取技术侦查措施，有关单位和个人应当配合，并对有关情况予以保密。

（四）《中华人民共和国反不正当竞争法》节选

第二条　经营者在生产经营活动中，应当遵循自愿、平等、公平、诚信的原则，遵守法律和商业道德。

本法所称的不正当竞争行为，是指经营者在生产经营活动中，违反本法规定，扰乱市场竞争秩序，损害其他经营者或者消费者的合法权益的行为。

本法所称的经营者，是指从事商品生产、经营或者提供服务（以下所称商品包括服务）的自然人、法人和非法人组织。

第六条　经营者不得实施下列混淆行为，引人误认为是他人商品或者与他人存在特定联系：

（1）擅自使用与他人有一定影响的商品名称、包装、装潢等相同或者近似的标识；

（2）擅自使用他人有一定影响的企业名称（包括简称、字号等）、社会组织名称（包括简称等）、姓名（包括笔名、艺名、译名等）；

（3）擅自使用他人有一定影响的域名主体部分、网站名称、网页等；

（4）其他足以引人误认为是他人商品或者与他人存在特定联系的混淆行为。

第九条　经营者不得实施下列侵犯商业秘密的行为：

（1）以盗窃、贿赂、欺诈、胁迫或者其他不正当手段获取权利人的商业秘密；

（2）披露、使用或者允许他人使用以前项手段获取的权利人的商业秘密；

（3）违反约定或者违反权利人有关保守商业秘密的要求，披露、使用或者允许他人使用其所掌握的商业秘密。

第三人明知或者应知商业秘密权利人的员工、前员工或者其他单位、个人实施前款所列违法行为，仍获取、披露、使用或者允许他人使用该商业秘密的，视为侵犯商业秘密。

本法所称的商业秘密，是指不为公众所知悉、具有商业价值并经权利人采取相应保密措施的技术信息和经营信息。

第十七条　经营者违反本法规定，给他人造成损害的，应当依法承担民事责任。

经营者的合法权益受到不正当竞争行为损害的，可以向人民法院提起诉讼。

因不正当竞争行为受到损害的经营者的赔偿数额，按照其因被侵权所受到的实际损失确定；实际损失难以计算的，按照侵权人因侵权所获得的利益确定。赔偿数额还应当包括经营者为制止侵权行为所支付的合理开支。

经营者违反本法第六条、第九条规定，权利人因被侵权所受到的实际损失、侵权人因侵权所获得的利益难以确定的，由人民法院根据侵权行为的情节判决给予权利人三百万元以下的赔偿。

（五）《最高人民法院关于审理不正当竞争民事案件应用法律若干问题的解释》节选

第八条　经营者具有下列行为之一，足以造成相关公众误解的，可以认定为反不正当竞争法第九条第一款规定的引人误解的虚假宣传行为：

（1）对商品作片面的宣传或者对比的；

（2）将科学上未定论的观点、现象等当作定论的事实用于商品宣传的；

（3）以歧义性语言或者其他引人误解的方式进行商品宣传的。

以明显的夸张方式宣传商品，不足以造成相关公众误解的，不属于引人误解的虚假宣传行为。

人民法院应当根据日常生活经验、相关公众一般注意力、发生误解的事实和被宣传对象的实际情况等因素，对引人误解的虚假宣传行为进行认定。

第九条　有关信息不为其所属领域的相关人员普遍知悉和容易获得，应当认定为反不正当竞争法第十条第三款规定的“不为公众所知悉”。

具有下列情形之一的，可以认定有关信息不构成不为公众所知悉：

（1）该信息为其所属技术或者经济领域的人的一般常识或者行业惯例；

（2）该信息仅涉及产品的尺寸、结构、材料、部件的简单组合等内容，进入市场后相关公众通过观察产品即可直接获得；

（3）该信息已经在公开出版物或者其他媒体上公开披露；

（4）该信息已通过公开的报告会、展览等方式公开；

（5）该信息从其他公开渠道可以获得；

（6）该信息无需付出一定的代价而容易获得。

第十一条　权利人为防止信息泄漏所采取的与其商业价值等具体情况相适应的合理保护措施，应当认定为反不正当竞争法第十条第三款规定的“保密措施”。

人民法院应当根据所涉信息载体的特性、权利人保密的意愿、保密措施的可识别程度、他人通过正当方式获得的难易程度等因素，认定权利人是否采取了保密措施。

具有下列情形之一，在正常情况下足以防止涉密信息泄漏的，应当认定权利人采取了保密措施：

（1）限定涉密信息的知悉范围，只对必须知悉的相关人员告知其内容；

（2）对于涉密信息载体采取加锁等防范措施；

（3）在涉密信息的载体上标有保密标志；

（4）对于涉密信息采用密码或者代码等；

（5）签订保密协议；

（6）对于涉密的机器、厂房、车间等场所限制来访者或者提出保密要求；

（7）确保信息秘密的其他合理措施。

第十二条　通过自行开发研制或者反向工程等方式获得的商业秘密，不认定为反不正当竞争法第十条第（一）、（二）项规定的侵犯商业秘密行为。

前款所称“反向工程”，是指通过技术手段对从公开渠道取得的产品进行拆卸、测绘、分析等而获得该产品的有关技术信息。当事人以不正当手段知悉了他人的商业秘密之后，又以反向工程为由主张获取行为合法的，不予支持。

第十三条　商业秘密中的客户名单，一般是指客户的名称、地址、联系方式以及交易的习惯、意向、内容等构成的区别于相关公知信息的特殊客户信息，包括汇集众多客户的客户名册，以及保持长期稳定交易关系的特定客户。

客户基于对职工个人的信赖而与职工所在单位进行市场交易，该职工离职后，能够证明客户自愿选择与自己或者其新单位进行市场交易的，应当认定没有采用不正当手段，但职工与原单位另有约定的除外。

第十五条　对于侵犯商业秘密行为，商业秘密独占使用许可合同的被许可人提起诉讼的，人民法院应当依法受理。

排他使用许可合同的被许可人和权利人共同提起诉讼，或者在权利人不起诉的情况下，自行提起诉讼，人民法院应当依法受理。

普通使用许可合同的被许可人和权利人共同提起诉讼，或者经权利人书面授权，单独提起诉讼的，人民法院应当依法受理。

第十六条　人民法院对于侵犯商业秘密行为判决停止侵害的民事责任时，停止侵害的时间一般持续到该项商业秘密已为公众知悉时为止。

依据前款规定判决停止侵害的时间如果明显不合理的，可以在依法保护权利人该项商业秘密竞争优势的情况下，判决侵权人在一定期限或者范围内停止使用该项商业秘密。

第十七条　确定反不正当竞争法第十条规定的侵犯商业秘密行为的损害赔偿额，可以参照确定侵犯专利权的损害赔偿额的方法进行；确定反不正当竞争法第五条、第九条、第十四条规定的不正当竞争行为的损害赔偿额，可以参照确定侵犯注册商标专用权的损害赔偿额的方法进行。

因侵权行为导致商业秘密已为公众所知悉的，应当根据该项商业秘密的商业价值确定损害赔偿额。商业秘密的商业价值，根据其研究开发成本、实施该项商业秘密的收益、可得利益、可保持竞争优势的时间等因素确定。

（六）《关于禁止侵犯商业秘密行为的若干规定》节选

第二条 本规定所称商业秘密，是指不为公众所知悉、能为权利人带来经济利益、具有实用性并经权利人采取保密措施的技术信息和经营信息。

本规定所称不为公众所知悉，是指该信息是不能从公开渠道直接获取的。

本规定所称能为权利人带来经济利益、具有实用性，是指该信息具有确定的可应用性，能为权利人带来现实的或者潜在的经济利益或者竞争优势。

本规定所称权利人采取保密措施，包括订立保密协议、建立保密制度及采取其他合理的保密措施。

本规定所称技术信息和经营信息，包括设计、程序、产品配方、制作工艺、制作方法、管理诀窍、客户名单、货源情报、产销策略、招投标中的标底及标书内容等信息。

本规定所称权利人，是指依法对商业秘密享有所有权或者使用权的公民、法人或者其他组织。

第四条 侵犯商业秘密行为由县级以上工商行政管理机关认定处理。

第五条 权利人（申请人）认为其商业秘密受到侵害，向工商行政管理机关申请查处侵权行为时，应当提供商业秘密及侵权行为存在的有关证据。

被检查的单位和个人（被申请人）及利害关系人、证明人，应当如实向工商行政管理机关提供有关证据。

权利人能证明被申请人所使用的信息与自己的商业秘密具有一致性或者相同性，同时能证明被申请人有获取其商业秘密的条件，而被申请人不能提供或者拒不提供其所使用的信息是合法获得或者使用的证据的，工商行政管理机关可以根据有关证据，认定被申请人有侵权行为。

第六条 对被申请人违法披露、使用、允许他人使用商业秘密将给权利人造成不可挽回的损失的，应权利人请求并由权利人出具自愿对强制措施后果承担责任的书面保证，工商行政管理机关可责令被申请人停止销售使用权利人商业秘密生产的产品。

第七条 违反本规定第三条的，由工商行政管理机关依照《反不正当竞争法》第二十五条的规定，责令停止违法行为，并可以根据情节处以一万元以上二十万元以下的罚款。

工商行政管理机关在依照前款规定予以处罚时，对侵权物品可以作如下处理：

（1）责令并监督侵权人将载有商业秘密的图纸、软件及其他有关资料返还权利人。

（2）监督侵权人销毁使用权利人商业秘密生产的、流入市场将会造成商业秘密公开的产品。但权利人同意收购、销售等其他处理方式的除外。

第八条 对侵权人拒不执行处罚决定，继续实施本规定第三条所列行为的，视为新的违法行为，从重予以处罚。

（七）《中华人民共和国劳动合同法》节选

第二十二条　用人单位为劳动者提供专项培训费用，对其进行专业技术培训的，可以与该劳动者订立协议，约定服务期。劳动者违反服务期约定的，应当按照约定向用人单位支付违约金。违约金的数额不得超过用人单位提供的培训费用。用人单位要求劳动者支付的违约金不得超过服务期尚未履行部分所应分摊的培训费用，用人单位与劳动者约定服务期的，不影响按照正常的工资调整机制提高劳动者在服务期期间的劳动报酬。

第二十三条　用人单位与劳动者可以在劳动合同中约定保守用人单位的商业秘密和与知识产权相关的保密事项。对负有保密义务的劳动者，用人单位可以在劳动合同或者保密协议中与劳动者约定竞业限制条款，并约定在解除或者终止劳动合同后，在竞业限制期限内按月给予劳动者经济补偿。劳动者违反竞业限制约定的，应当按照约定向用人单位支付违约金。

第二十四条　竞业限制的人员限于用人单位的高级管理人员、高级技术人员和其他负有保密义务的人员。竞业限制的范围、地域、期限由用人单位与劳动者约定，竞业限制的约定不得违反法律、法规的规定。在解除或者终止劳动合同后，前款规定的人员到与本单位生产或者经营同类产品、从事同类业务的有竞争关系的其他用人单位，或者自己开业生产或者经营同类产品、从事同类业务的竞业限制期限，不得超过二年。

第二十五条　除本法第二十二条和第二十三条规定的情形外，用人单位不得与劳动者约定由劳动者承担违约金。

（八）《最高人民法院，最高人民检察院关于办理侵犯知识产权刑事案件具体应用法律若干问题的解释》节选

第六条　以营利为目的，实施刑法第二百一十八条规定的行为，违法所得数额在十万元以上的，属于“违法所得数额巨大”，应当以销售侵权复制品罪判处三年

以下有期徒刑或者拘役，并处或者单处罚金。

第七条　实施刑法第二百一十九条规定的行为之一，给商业秘密的权利人造成损失数额在五十万元以上的，属于“给权利人造成重大损失”，应当以侵犯商业秘密罪判处三年以下有期徒刑或者拘役，并处或者单处罚金。

给商业秘密的权利人造成损失数额在二百五十万元以上的，属于刑法第二百一十九条规定的“造成特别严重后果”，应当以侵犯商业秘密罪判处三年以上七年以下有期徒刑，并处罚金。

（九）《中央企业商业秘密保护暂行规定》节选

第六条　中央企业商业秘密保护工作按照统一领导、分级管理的原则，实行企业法定代表人负责制。

第十条　中央企业依法确定本企业商业秘密的保护范围，主要包括：战略规划、管理方法、商业模式、改制上市、并购重组、产权交易、财务信息、投融资决策、产购销策略、资源储备、客户信息、招投标事项等经营信息；设计、程序、产品配方、制作工艺、制作方法、技术诀窍等技术信息。

第十二条　中央企业商业秘密及其密级、保密期限和知悉范围，由产生该事项的业务部门拟定，主管领导审批，保密办公室备案。

第十三条　中央企业商业秘密的密级，根据泄露会使企业的经济利益遭受损害的程度，确定为核心商业秘密、普通商业秘密两级，密级标注统一为“核心商密”“普通商密”。

第十四条　中央企业自行设定商业秘密的保密期限。可以预见时限的以年、月、日计，不可以预见时限的应当定为“长期”或者“公布前”。

第十五条　中央企业商业秘密的密级和保密期限一经确定，应当在秘密载体上作出明显标志。标志由权属（单位规范简称或者标识等）、密级、保密期限三部分组成。

第十六条　中央企业根据工作需要严格确定商业秘密知悉范围。知悉范围应当限定到具体岗位和人员，并按照涉密程度实行分类管理。

第十七条　商业秘密需变更密级、保密期限、知悉范围或者在保密期限内解密的，由业务部门拟定，主管领导审批，保密办公室备案。保密期限已满或者已公开的，自行解密。

第十八条　商业秘密的密级、保密期限变更后，应当在原标明位置的附近作出新标志，原标志以明显方式废除。保密期限内解密的，应当以能够明显识别的方式标明“解密”的字样。

第十九条　中央企业与员工签订的劳动合同中应当含有保密条款。

中央企业与涉密人员签订的保密协议中，应当明确保密内容和范围、双方的权利与义务、协议期限、违约责任。

中央企业应当根据涉密程度等与核心涉密人员签订竞业限制协议，协议中应当包含经济补偿条款。

第二十条　中央企业因工作需要向各级国家机关，具有行政管理职能的事业单位、社会团体等提供商业秘密资料，应当以适当方式向其明示保密义务。所提供涉密资料，由业务部门拟定，主管领导审批，保密办公室备案。

第二十一条　中央企业涉及商业秘密的咨询、谈判、技术评审、成果鉴定、合作开发、技术转让、合资入股、外部审计、尽职调查、清产核资等活动，应当与相关方签订保密协议。

第三十条　中央企业在商业秘密保护工作中，对成绩显著或作出突出贡献的部门和个人，应当给予表彰和奖励。

第三十一条　中央企业发生商业秘密泄密事件，由本企业保密委员会负责组织有关部门认定责任，相关部门依法依规进行处理。

第三十二条　中央企业员工泄露或者非法使用商业秘密，情节较重或者给企业造成较大损失的，应当依法追究相关法律责任。涉嫌犯罪的，依法移送司法机关处理。

（十）《最高人民检察院关于渎职侵权犯罪案件立案标准的规定》节选

第三百九十八条　故意泄露国家秘密罪

故意泄露国家秘密罪是指国家机关工作人员或者非国家机关工作人员违反保守国家秘密法，故意使国家秘密被不应知悉者知悉，或者故意使国家秘密超出了限定的接触范围，情节严重的行为。涉嫌下列情形之一的，应予立案：

（1）泄露绝密级国家秘密 1 项（件）以上的；

（2）泄露机密级国家秘密 2 项（件）以上的；

（3）泄露秘密级国家秘密 3 项（件）以上的；

（4）向境外机构、组织、人员泄露国家秘密，造成或者可能造成危害社会稳定、经济发展、国防安全或者其他严重危害后果的；

（5）通过口头、书面或者网络等方式向公众散布、传播国家秘密的；

（6）利用职权指使或者强迫他人违反保守国家秘密法的规定泄露国家秘密的；

（7）以牟取私利为目的泄露国家秘密的；

（8）其他情节严重的情形。

第三百九十八条 过失泄露国家秘密罪

过失泄露国家秘密罪是指国家机关工作人员或者非国家机关工作人员违反保守国家秘密法，过失泄露国家秘密，或者遗失国家秘密载体，致使国家秘密被不应知悉者知悉或者超出了限定的接触范围，情节严重的行为。涉嫌下列情形之一的，应予立案：

（1）泄露绝密级国家秘密 1 项（件）以上的；

（2）泄露机密级国家秘密 3 项（件）以上的；

（3）泄露秘密级国家秘密 4 项（件）以上的；

（4）违反保密规定，将涉及国家秘密的计算机或者计算机信息系统与互联网相连接，泄露国家秘密的；

（5）泄露国家秘密或者遗失国家秘密载体，隐瞒不报、不如实提供有关情况或者不采取补救措施的；

（6）其他情节严重的情形。

（十一）《中国共产党纪律处分条例》节选

第一百二十条 泄露、扩散或者窃取党组织关于干部选拔任用、纪律审查等尚未公开事项或者其他应当保密的内容的，给予警告或者严重警告处分；情节较重的，给予撤销党内职务或者留党察看处分；情节严重的，给予开除党籍处分。

私自留存涉及党组织关于干部选拔任用、纪律审查等方面资料，情节较重的，给予警告或者严重警告处分；情节严重的，给予撤销党内职务处分。

（十二）《中华人民共和国保守国家秘密法》节选

第九条 下列涉及国家安全和利益的事项，泄露后可能损害国家在政治、经济、国防、外交等领域的安全和利益的，应当确定为国家秘密：

（1）国家事务重大决策中的秘密事项；

（2）国防建设和武装力量活动中的秘密事项；

（3）外交和外事活动中的秘密事项以及对外承担保密义务的秘密事项；

（4）国民经济和社会发展中的秘密事项；

（5）科学技术中的秘密事项；

（6）维护国家安全活动和追查刑事犯罪中的秘密事项；

（7）经国家保密行政管理部门确定的其他秘密事项。

政党的秘密事项中符合前款规定的，属于国家秘密。

第四十八条　违反本法规定，有下列行为之一的，依法给予处分；构成犯罪的，依法追究刑事责任：

（1）非法获取、持有国家秘密载体的；

（2）买卖、转送或者私自销毁国家秘密载体的；

（3）通过普通邮政、快递等无保密措施的渠道传递国家秘密载体的；

（4）邮寄、托运国家秘密载体出境，或者未经有关主管部门批准，携带、传递国家秘密载体出境的；

（5）非法复制、记录、存储国家秘密的；

（6）在私人交往和通信中涉及国家秘密的；

（7）在互联网及其他公共信息网络或者未采取保密措施的有线和无线通信中传递国家秘密的；

（8）将涉密计算机、涉密存储设备接入互联网及其他公共信息网络的；

（9）在未采取防护措施的情况下，在涉密信息系统与互联网及其他公共信息网络之间进行信息交换的；

（10）使用非涉密计算机、非涉密存储设备存储、处理国家秘密信息的；

（11）擅自卸载、修改涉密信息系统的安全技术程序、管理程序的；

（12）将未经安全技术处理的退出使用的涉密计算机、涉密存储设备赠送、出售、丢弃或者改作其他用途的。

有前款行为尚不构成犯罪，且不适用处分的人员，由保密行政管理部门督促其所在机关、单位予以处理。

（十三）《中华人民共和国保守国家秘密法实施条例》节选

第三十四条　机关、单位发现国家秘密已经泄露或者可能泄露的，应当立即采取补救措施，并在24小时内向同级保密行政管理部门和上级主管部门报告。

地方各级保密行政管理部门接到泄密报告的，应当在24小时内逐级报至国家保密行政管理部门。

第三十九条 机关、单位发生泄露国家秘密案件不按照规定报告或者未采取补救措施的，对直接负责的主管人员和其他直接责任人员依法给予处分。

三、公司系统相关规章制度及要求

（一）《××××公司领导人员保密工作责任追究管理办法》节选

第二条 公司保密工作实行“谁主管、谁负责”和领导人员责任追究制。

第十条 各级领导人员要自觉履行与企业签订的保密协议，遵守以下保密守则：

（1）不泄露各类涉密事项；

（2）不在无保密保障的场所阅办、存放涉密文件、资料及其他涉密载体；

（3）不擅自或指使他人复制（印）、摘抄、销毁或私自留存带有密级的文件、资料、存储介质及其他涉密载体。确因工作需要复制（印）的，必须严格按照有关规定办理审批手续，复制（印）件按同等密级介质（文件）管理；

（4）不在非涉密记录本或未采取保密措施的电子信息设备中记录、储存和传输各类涉密事项；

（5）不携带涉密文件、资料进入公共场所或进行社交活动，确因工作需要必须携带时，须履行相应的审批程序，并由本人或指定专人严格保管；

（6）不准用无保密措施的通信设施和普通邮政传递各类涉密事项；

（7）教育身边人员遵守各项保密规定，不准与亲友和无关人员谈论各类涉密事项；

（8）不在私人通信及公开发表的文章、著作及言论中涉及各类涉密事项。电子邮箱使用要严格遵守国家和公司相关规定；

（9）不在涉外活动或接受记者采访中涉及各类涉密事项，确因工作需要涉及或提供时，应事先报有相应权限的机关单位批准；

（10）不在出国访问、考察等境外活动中携带涉及各类涉密事项的文件、资料或物品，确因工作需要携带时，必须按照规定办理审批手续，并采取严格的保密措施；

（11）不隐瞒失泄密事件。

第十二条 有下列情形之一的，在追究直接责任人责任的同时，对主要领导人员及分管保密工作的领导人员给予批评教育，进行诫勉谈话：

（1）本单位发生丢失或泄露普通商密级涉密文件、资料和移动存储介质，尚未造成泄密，尚未给公司造成损失或其他不利后果的；

（2）本单位人事变动未及时调整保密组织或一个月内未明确从事日常保密管理工作的人员，致使保密工作不能正常开展的；

（3）本单位未按规定及时定密或随意定密、标密，造成文件、资料、涉密计算机和涉密移动存储介质管理混乱的；

（4）未按规定配备必要的保密技术防范设备，存在失泄密隐患的；

（5）未按规定办理审批手续，擅自同意或指使承办人员复制（印）、摘抄、销毁机密级、秘密级涉密文件、资料、移动存储介质，或擅自同意、指使承办人员复制（印）、摘抄绝密级文件、资料造成失泄密隐患的；

（6）未遵守保密规定使用无保密措施的通信设施或普通邮政传递国家秘密、企业商业秘密，尚未造成严重后果的。

第十三条　有下列情形之一的，在追究直接责任人责任的同时，对主要领导人员给予通报批评，对分管保密工作和分管业务的领导人员给予纪律处分：

（1）对本单位主办的涉及国家秘密、公司商业秘密的重要活动、会议，未制定保密工作方案，未采取保密措施，造成重大失泄密隐患或发生失泄密事件的；

（2）本单位发生丢失或泄露公司核心商业秘密涉密载体，给公司造成严重损失或其他不利后果的；

（3）任用保密工作人员失误，造成严重失泄密后果的；

（4）本单位发生失泄密事件后隐匿不报，不及时采取补救措施，不积极配合保密工作部门查办或包庇有关责任人的。

第十四条　有下列情形之一的，在追究直接责任人责任的同时，对相关领导人员视情节轻重给予纪律处分：

（1）本单位发生丢失或泄露公司核心商密级文件、资料和移动存储介质，给公司造成重大损失或其他重大不利后果的；

（2）违反保密协议，造成失泄密后，未及时采取补救措施，给公司造成严重损失和不良影响的；

（3）未经批准，擅自同意或指使承办人员销毁绝密级文件资料的；

（4）未经批准，擅自同意或指使承办人员复制（印）、摘录国家秘密、企业核心商密载体且造成严重失泄密后果的；

（5）指使或放任工作人员用无保密措施的通信设施或普通邮政传递国家秘密及企业核心商密，造成严重失泄密后果的；

（6）不履行本规定明确提出的保密工作职责，致使发生重大失泄密事件的。

（二）《×××× 公司保密工作管理办法》节选

第二条 公司保密工作实行积极防范、突出重点、依法管理，既确保国家秘密和企业秘密安全，又便利信息资源合理利用的方针和“统一领导、分级管理”“业务工作谁主管，保密工作谁负责”的原则。

第三条 做好保密工作是公司员工应尽的责任和义务。所有员工都应自觉遵守保密法律法规，要熟知本职工作中的涉密事项和密级划分标准、范围，严格遵守各项保密制度。

第四条 公司保密工作管理目标：实行保密工作责任制，健全保密管理制度，完善保密防护措施，开展保密宣传教育，加强保密监督检查，严格依法管理，确保国家秘密和企业秘密安全。

第九十七条 为增强公司全体员工的保密意识，推动保密制度的落实和保密技术、措施的改进，杜绝违规行为，防止失泄密事件的发生，公司实行保密工作奖惩机制，对保密工作成绩显著的单位和个人给予奖励，对违反国家保密法律法规和公司保密规章制度的行为进行处罚。具体按公司保密工作奖惩办法等规定执行。

（三）《×××× 公司保密工作奖惩办法》节选

第九条 保密工作先进单位应当具备以下条件：

（1）认真贯彻执行党和国家的保密工作方针、政策，严格遵守《保密法》等法律法规及公司各项保密管理规定；

（2）主要负责人认真履行保密工作第一责任人的职责，高度重视保密工作，模范遵守各项保密工作制度；

（3）保密组织健全，保密规章制度完善，开展保密检查制度化、规范化；

（4）认真组织开展日常保密教育管理，每年组织开展一次以上全员保密教育活动；

（5）结合业务工作实际，完善保密工作机制；

（6）计算机和信息网络按公司要求执行有效防护措施且管理严格；

（7）组织涉密会议、涉密活动时对保密工作作出具体安排，制定专项保密方案或规定，提出明确要求；

（8）涉密人员工作变动时及时组织办理涉密载体移交、签订离岗保密保证书，进行脱密期管理；

（9）及时发现和消除泄密隐患，考评年度内未发生失泄密事件，未发生严重违规事件。

第十条　保密工作先进个人应当具备以下条件：

（1）认真贯彻执行党和国家的保密工作方针、政策，模范遵守《保密法》等保密法律、法规，严格执行公司各项保密管理规定；

（2）熟悉本职业务中涉密事项的情况和保密工作的重点，具有很强的保密意识和责任意识；

（3）积极参加保密教育培训，熟悉并掌握保密知识和保密技能，做到懂保密、会保密、善保密；

（4）具有良好的保密习惯和行为，严格按照保密规定使用和管理涉密计算机、涉密移动存储介质和涉密文件资料；

（5）没有违反保密规定的行为，在职责范围内，考评年度内未发生失泄密事件，未发生严重违规事件，不存在泄密隐患。

第十二条　凡有下列表现之一的单位和个人，应给予专项表彰和适当物质奖励：

（1）在危急情况下，保护国家秘密或公司企业秘密安全的；

（2）对泄露、非法获取国家秘密或公司企业秘密行为及时检举的；

（3）发现国家秘密或公司企业秘密被泄露或者可能泄露，立即采取补救措施，使损害后果减轻或者避免的；

（4）在涉密活动中，严守秘密，为维护国家、公司的安全和利益做出重要贡献的；

（5）在保密工作中取得其他重要成果或者显著成绩的。

第十四条　有下列行为之一的，所在单位、部门领导应对其进行谈话提醒，谈话应有记录：

（1）在公共场所谈论国家秘密或公司企业秘密的；

（2）使用普通通信工具谈论、发送公司企业秘密的；

（3）收发涉密文档、资料等涉密载体，未履行登记、签收手续的；

（4）不按程序传递涉密载体，随意扩大知悉范围的；

（5）在涉密计算机和涉密移动存储介质上存储、处理个人信息的；

（6）将个人具有存储功能的介质和电子设备带入重要涉密场所，尚未造成失泄密的；

（7）未设置信息内外网办公计算机、涉密计算机应用系统口令的；

（8）其他违反保密规定，尚未造成后果，应谈话提醒的。

第十五条　有下列行为之一的，所在单位保密委员会办公室会同所在部门负责人对其进行批评教育，并在所在单位保密委员会办公室备案。备案两次以上的，要给予通报批评，并取消当年评优或晋级资格：

（1）对公司企业秘密事项及其载体不按有关规定确定或标明密级，造成泄密的；

（2）使用连接互联网的计算机处理、存储公司企业秘密的；

（3）通过互联网邮箱或公司信息外网邮箱传递、发送公司企业秘密的；

（4）离开办公位置或下班后在办公桌上随意摆放涉密文件、资料等涉密载体的；

（5）丢失涉密载体，及时找回，经检查，尚未造成泄密的；

（6）在私人通信或公开发表的文章、著作中涉及公司企业秘密，未造成严重后果的；

（7）擅自在涉密计算机上安装与工作无关的软件的；

（8）未经批准，对涉密计算机进行格式化处理或重装操作系统的；

（9）未经专业销密，擅自销毁涉密计算机、涉密移动存储介质等涉密载体的；

（10）未经批准，擅自将涉密计算机接入公司内、外网的；

（11）擅自卸载信息内、外网计算机桌面终端管理软件或防病毒木马软件的；

（12）利用职权强制、唆使他人违反保密规定的；

（13）其他违反保密规定的行为，尚未造成严重后果，应给予批评教育的。

第十六条　违反《保密法》规定，有下列行为之一的，由所在单位保密委员会办公室视情节轻重提出惩处建议，经本单位保密委员会审批后，按照公司员工奖惩有关规定，给予相应的党纪或纪律处分、经济处罚、组织处理：

（1）非法获取、持有国家秘密载体的；

（2）买卖、转送或者私自销毁国家秘密载体的；

（3）通过普通邮政、快递等无保密措施的渠道传递国家秘密载体的；

（4）邮寄、托运国家秘密载体出境，或者未经有关主管部门批准，携带、传递国家秘密载体出境的；

（5）非法复制、记录、存储国家秘密的；

（6）在私人交往和通信中涉及国家秘密的；

（7）在互联网及其他公共信息网络或者未采取保密措施的有线和无线通信中传递国家秘密的；

（8）将涉密计算机、涉密存储设备接入互联网及其他公共信息网络的；

（9）在未采取防护措施的情况下，在涉密信息系统与互联网及其他公共信息网络之间进行信息交换的；

（10）使用非涉密计算机、非涉密存储设备存储、处理国家秘密信息的；

（11）擅自卸载、修改涉密信息系统的安全技术程序、管理程序的；

（12）将未经安全技术处理的退出使用的涉密计算机、涉密存储设备赠送、出售、丢弃或者改作其他用途的。

第十七条　对未直接建立劳动关系不适用员工惩处规定的人员，根据相关法律法规或约定条款处理。

第十八条　对违反有关保密规定，造成公司企业秘密失泄密事件的，参照上述条款进行处理。

第十九条　对国家秘密事项及其载体不按有关规定确定或标明密级，造成泄密的，参照被泄露事项应确定密级的处罚标准给予相应的处分。

第二十条　保密工作实施“一票否决”。发生失泄密事件的，按规定给予党纪或纪律处分，情况严重构成犯罪的，依法追究刑事责任。责任者所在单位（部门）不得参加本年度各类先进评选。

第二十一条　丢失涉密载体或发生泄密事件，拖延报告时间、隐瞒不报、弄虚作假的，视情节从重处罚。

（四）《××××公司办公计算机信息安全管理办法》节选

第十条　加强办公计算机信息安全管理：

（1）办公计算机、外设及软件安装情况要登记备案并定期进行核查，信息内外网办公计算机要明显标识；

（2）严禁办公计算机“一机两用”（同一台计算机既上信息内网，又上信息外网或互联网）；

（3）办公计算机不得安装、运行、使用与工作无关的软件，不得安装盗版软件；

（4）办公计算机要妥善保管，严禁将办公计算机带到与工作无关的场所；

（5）禁止开展移动协同办公业务；

（6）信息内网办公计算机不能配置、使用无线上网卡等无线设备，严禁通过电话拨号、无线等各种方式与信息外网和互联网络互联，应对信息内网办公计算机违规外连情况进行监控；

（7）公司办公区域内信息外网办公计算机应通过本单位统一互联网出口接入互联网，严禁将公司办公区域内信息外网办公计算机作为无线共享网络节点，为其他网络设备提供接入互联网服务，如通过随身 Wi-Fi 等为手机移动设备提供接入互联网服务；

（8）接入信息内外网的办公计算机 IP 地址由运行维护部门统一分配，并与办公计算机的 MAC 地址进行绑定；

（9）定期对办公计算机企业防病毒软件、木马防范软件的升级和使用情况进行检查，不得随意卸载统一安装的防病毒（木马）软件；

（10）定期对办公计算机补丁更新情况进行检查，确保补丁更新及时；

（11）定期检查办公计算机是否安装盗版办公软件；

（12）定期对办公计算机及应用系统口令设置情况进行检查，避免空口令、弱口令；

（13）采取措施对信息外网办公计算机的互联网访问情况进行记录，记录要可追溯，并保存六个月以上；

（14）采取数据保护与监管措施对存储于信息内网办公计算机的企业秘密信息、敏感信息进行加解密保护、水印保护、文件权限控制和外发控制，同时对文件的生成、存储、操作、传输、外发等各环节进行监控；

（15）加强对公司云终端安全防护，做好云终端用户数据信息访问控制，访问权限应由运行维护部门统一管理，避免信息泄露；

（16）采用保密检查工具定期对办公计算机和邮件收发中的信息是否涉及国家秘密和企业秘密的情况进行检查；

（17）加强对办公计算机桌面终端安全运行状态和数据级联状态的监管，确保运行状态正常和数据级联贯通，按照公司相关要求及时上报运行指标数据；

（18）加强数据接口规范，严禁修改、替换或阻拦防病毒（木马）、桌面终端管理等报送监控数据接口程序。

第十二条　严禁扫描仪、打印机等计算机外设在信息内网和信息外网上交叉使用；严禁采用非公司安全移动存储介质拷贝信息内网信息。

第十六条　加强安全移动存储介质管理：

（1）公司安全移动存储介质主要用于涉及公司企业秘密信息的存储和内部传递，也可用于信息内网涉密信息与外部计算机的交互，不得用于涉及国家秘密信息的存储和传递；

（2）安全移动存储介质的申请、注册及策略变更应由人员所在部门负责人进行审核后交由本单位运行维护部门办理相关手续；

（3）应严格控制安全移动存储介质的发放范围及安全控制策略，并指定专人负责管理；

（4）安全移动存储介质应当用于存储工作信息，不得用于其他用途。涉及公司企业秘密的信息必须存放在安全移动存储介质的保密区，不得使用普通存储介质存储涉及公司企业秘密的信息；

（5）禁止将安全移动存储介质中涉及公司企业秘密的信息拷贝到信息外网或外部存储设备；

（6）应定期对安全移动存储介质进行清理、核对；

（7）安全移动存储介质的维护和变更应遵循本办法的第五章相关条款执行。

（五）《×××× 公司保护商业秘密规定》节选

第七条　公司享有公司商业秘密的所有权、使用权以及转让权；以委托、合作研究开发或转让等方式取得的商业秘密，其权利归属按合同约定。

第八条　公司商业秘密保护工作，实行依法规范、预防为主、突出重点、保障安全、便利工作的方针。

第九条　公司商业秘密保护工作按照统一领导、分级管理的原则，实行法定代表人负责制。

第十条　公司各级保密委员会是本单位商业秘密保护工作的领导机构，负责贯彻国家有关法律、法规和规章，落实上级保密机构、部门的工作要求，研究决定本单位商业秘密保护工作的相关事项。

各级保密委员会办公室（以下简称保密办公室）作为本单位保密委员会的日常办事机构，负责依法组织开展商业秘密保护教育培训、保密检查、保密技术防护和泄密事件查处等工作。

第十一条　按照“业务工作谁主管，保密工作谁负责”的原则，公司总部各部门、各分部和公司各级单位按照职责分工，负责职责范围内商业秘密的保护和管理。

第十二条　公司商业秘密保护范围主要包括：战略规划、管理方法、商业模式、改制上市、并购重组、产权交易、财务信息、投融资决策、产购销策略、资源储备、重要客户信息、招投标标底等经营信息；设计、程序、制作工艺、制作方法、技术诀窍、关键技术、重大科研项目、重要科研数据等技术信息。

第十三条　因国家秘密范围调整，公司商业秘密需要变更为国家秘密的，必须依法定程序将其确定为国家秘密。

第十四条　公司商业秘密及其密级、保密期限和知悉范围，由产生该事项的公司总部各部门、各分部和公司各级单位拟定，分管领导审批。

第十五条　公司商业秘密按重要程度以及泄露后会使公司的经济利益遭受损害的程度，确定为核心商业秘密、普通商业秘密两级，密级标注统一为“核心商密”“普通商密”。

第二十七条　对涉密人员的管理：

（1）涉密人员应严格遵守公司各项保密规章制度；

（2）涉密人员应保管好商业秘密文件、资料，因工作变动离职时，须将涉密资料交给单位指定的部门和人员，经接收部门签字盖章、主管领导确认后，单位人事部门方可办理有关手续；

（3）涉密人员在调离岗位前须与所在单位保密委员会签订《涉密人员离岗保密承诺书》。

第二十八条　对各种载体的管理：

（1）凡涉及公司商业秘密的各种载体，应设专人管理，因工作需要借阅使用时，应认真填写借阅单，并经分管领导签字确认后方可借阅；

（2）含有公司商业秘密的文件、资料等未经批准不得复制和摘抄；

（3）公司所有员工未经批准不准在各类媒体上发表涉及公司商业秘密的内容和信息。

第二十九条　对信息网络的管理：

（1）在涉及公司商业秘密的计算机信息系统的设计、建设及运行维护过程中，有关部门要采取相应的技术措施；

（2）公司员工不得在公司信息外网计算机或没有相应保密措施的计算机信息系统中处理、存储和传输公司商业秘密；

（3）禁止将商业秘密事项输入国际互联网。

第三十条　公司在接待参观、考察、访问人员时，负责接待的有关部门、单位应采取相应的保密措施。

第三十一条　发现商业秘密载体被盗、遗失、失控等事件，或者商业秘密泄露，所在部门和单位要及时采取补救措施，同时将有关情况向本单位保密委员会报告。发生泄密事件要及时查处并报告上一级保密委员会。

第三十二条　公司与员工签订的劳动合同中应当含有保密条款。

公司各级单位与涉密人员签订的保密协议中，应当明确保密内容和范围、双方的权利与义务、协议期限、违约责任。

公司各级单位应当根据涉密程度等与核心涉密人员签订竞业限制协议，协议中应当包含经济补偿条款。

第三十三条　各级保密工作机构及相关部门要做好保护商业秘密的宣传教育工作，使有关人员知悉本职业务工作中商业秘密的基本范围和具体事项。

第三十四条　公司全体员工应当自觉履行保护公司商业秘密的义务，遵守公司保护商业秘密的规定，履行保密合同、协议，保守商业秘密。

第三十五条　公司员工在执行公务中要采取措施保护知悉的商业秘密，不得擅自披露商业秘密。

第三十六条　因工作需要向各级国家机关、具有行政管理职能的事业单位、社会团体等提供商业秘密载体，应当向其明示保密义务。所提供商业秘密载体，由业务部门拟定，分管领导审批，本单位保密办公室备案。

第三十七条　在涉及商业秘密的咨询、谈判、技术评审、成果鉴定、合作开发、技术转让、合资入股、外部审计、尽职调查、清产核资等活动时，应当与相关方签订保密协议。

第三十八条　在涉及境内外发行证券、上市及上市公司信息披露过程中，要建立和完善商业秘密保密审查程序，相关部门、机构、人员要明确保密义务。

第三十九条　加强对重点工程、重要谈判、重大项目的商业秘密保护，建立保密工作先期进入机制。涉及国家安全和利益的，应当向国家有关部门报告。

第三章 保密责任制

目前保密工作中存在这样的问题吗？

（1）各级领导干部对严峻复杂的保密形势、失泄密的严重后果和保密工作的重要作用缺乏清醒认识，存在侥幸甚至麻痹心理，不仅使自身管理的涉密信息处于不设防、无保护状态，还导致所分管或负责部门的保密工作开展不力，存在保密工作“说起来重要，干起来次要，忙起来不要”的问题。

（2）保密工作与业务工作不搭界，保密部门忙保密，业务部门忙业务，完不成项目是业务部门的事，搞不好保密是保密部门的事。

（3）保密管理工作是保密部门的职责，违规甚至失泄密事件的发生是由保密部门履职不到位、监管不力造成的，保密工作主管部门应当承担主责，对“业务工作谁主管、保密工作谁负责”的原则，只停留在纸面上、口头上，未能充分体现在实际工作中。

原因分析：

（1）保密工作职责模糊不清；

（2）保密法律法规、规章制度以及新技术的泄密风险学习不到位；

（3）保密工作考核问责制度不健全。

解决途径：

（1）加强保密法律法规、规章制度及保密常识培训，强化保密责任意识及防范技能；

（2）建立健全保密工作责任及考核制度并严格落实。

一、保密工作责任制概念

保密工作责任制是根据保密法律法规建立的各级领导、各类人员、保密组织机构、各职能部门在业务工作中对保密工作层层负责的制度。

二、实行保密工作责任制的必要性

为了确保保密工作落到实处，使国家秘密在各个机关、单位和各个运转环节得到有效保护，各级党政机关和涉密单位，必须明确保密责任，严格实行保密工作责任制。《中华人民共和国保守国家秘密法》第七条规定：“机关、单位应当实行保密工作责任制，健全保密管理制度，完善保密防护措施，开展保密宣传教育，加强保密检查。”《中华人民共和国保守国家秘密法实施条例》第六条规定：“机关、单位实行保密工作责任制。机关、单位负责人对本机关、本单位的保密工作负责，工作人员对本岗位的保密工作负责。机关、单位应当根据保密工作需要设立保密工作机构或者指定人员专门负责保密工作。机关、单位及其工作人员履行保密工作责任制情况应当纳入年度考评和考核内容。”这表明保密工作责任制是对机关、单位保密工作的最基本要求，是保密工作落实到位的关键。

（一）保密工作责任制体现了宪法精神

《中华人民共和国宪法》第二十七条规定，一切国家机关都要“实行工作责任制”。宪法是国家的根本大法，遵守宪法是对一切国家机关、单位和全体公民最基本的要求。保守、保护国家秘密安全的工作，直接关系国家的安全和利益，实行保密工作责任制，是保密工作贯彻宪法精神，遵循宪法基本要求的具体体现。

（二）保密工作责任制体现了中央关于加强保密工作的一贯主张

实行保密责任制，是中央及中央保密委员会的一贯要求，中央印发的《党政机关领导干部保密工作责任制规定》（中办发〔2015〕14 号）和《中共中央关于加强和改进保密工作的意见》（中发〔2016〕5 号），均明确了“党管保密”和建立健全保密责任制的要求。

（三）实行保密工作责任制符合保密工作管理的基本要求

近年来，我们一些机关、单位责任不明晰，保密制度不健全，保密教育和保密管理不到位，保密技术防护措施不到位，导致大量窃密泄密事件发生，给国家安全和利益造成严重损害。究其原因，是保密工作责任制不落实、管理责任不明确导致的。实行保密工作责任制，有利于加强保密工作的组织领导，有利于明确相关人员的保密工作职责，有利于各项保密工作制度和措施落实到位，有利于提升保密管理的整体水平和能力。保密工作责任制是一项基本的保密法律制度，必须在一切机关、单位得到认真地贯彻执行。

三、保密工作责任制落实原则

坚持“党管保密”和“业务工作谁主管，保密工作谁负责”的原则，实行保密工作领导责任制。

四、保密工作责任制范围及具体内容

（一）保密工作组织机构责任

1. 保密委员会成员组成及职责

公司成立保密委员会。保密委员会主任由公司党委书记担任；副主任由公司其他负责人担任，指定专人具体分管公司保密工作；成员由各职责部门主要负责人组成。主要职责为：

（1）贯彻落实党的保密工作方针政策、国家有关保密法律法规及上级机关保密工作指示、决定和规章制度。

（2）研究解决公司保密工作中的重点、难点问题。

（3）研究拟定公司保密应急决策，建立和完善公司保密应急体系。

（4）组织审定公司保密规章制度及有关保密事项。

（5）组织检查保密工作领导责任制落实和保密工作开展情况，根据检查结果，作出考核决定。

（6）组织开展公司保密工作评比表彰活动，审定保密工作先进单位和先进个人。

（7）组织或协助上级有关部门查处失泄密事件，按照组织关系和人事管理权限，依法追究有关人员的保密责任或提出处理意见。

（8）向上级保密委员会和地方保密工作管理部门报告保密工作情况。

2. 保密委员会办公室成员组成及职责

保密委员会设立办公室（保密应急处置工作领导小组办公室，以下简称“保密办”），设××××公司办公室（党委办公室），主任由公司办公室（党委办公室）主要负责人兼任，副主任由公司信通公司主要负责人兼任，成员由公司办公室（党委办公室）主管保密工作专责、信通公司主管网络安全工作专责组成。主要职责为：

（1）负责公司日常保密管理工作，组织落实保密委员会工作部署。

（2）宣传贯彻党和国家有关保密工作方针、政策、法律法规以及上级有关保密工作的指示、决定及规章制度，并紧密结合实际提出执行的意见。

（3）组织制定公司保密规章制度及有关保密事项，对落实保密工作提出意见、建议。

（4）监督、检查、指导各部门保密工作。

（5）组织开展保密宣传教育和监督检查工作。

（6）组织确定和调整保密要害部门、部位，健全、完善安全防范措施。

（7）总结、推广保密工作经验，具体负责保密工作先进单位和先进个人的评选工作，提出评选意见，报保密委员会审定。

（8）组织查处违反保密法律法规的行为和泄密事件，提出保密责任追究和奖惩建议。

（9）建立并完善保密工作档案。

（10）负责公司保密委员会及上级保密工作机构交办的其他工作。

3. 各部门二级保密组织机构成员组成及职责

各部门成立保密工作小组，组长由部门主要负责人担任，成员由部门相关业务管理人员组成。主要职责为：

（1）具体负责本部门业务职责范围内的保密管理工作。

（2）贯彻执行党和国家有关保密工作方针、政策、法律法规及上级、公司有关保密工作的指示、决定和各项规章制度。

（3）落实保密工作责任制，履行保密工作职责。

（4）将保密管理要求融入业务工作中。

（5）负责本部门日常各项保密工作事项的初审。

（6）组织开展本部门保密教育培训和相关保密自查工作。

（7）健全本部门各类工作台账和记录，建立完善保密工作档案，做到完整真实。

（8）协助、配合保密办查处失、泄密事件。

（9）协助保密办完成上级机关下达的其他保密工作。

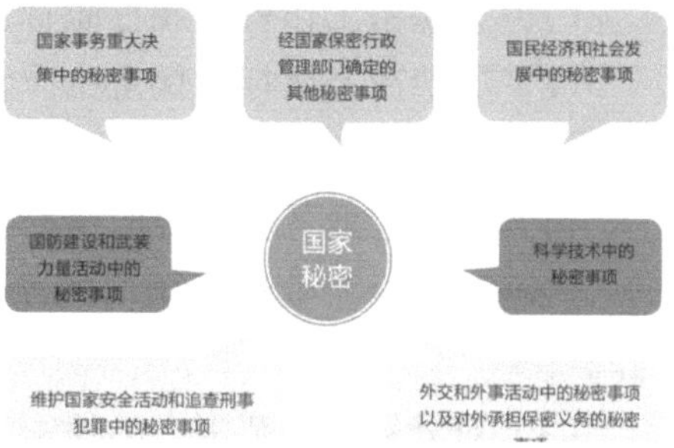

（二）各类人员责任

1. 法定代表人、党委书记责任

（1）作为公司保密工作第一责任人，对保密工作负全面领导责任。

（2）贯彻党和国家有关保密工作的方针政策和法律法规，并提出明确落实要求。

（3）将保密工作纳入党委重要议事日程，定期召开党委会议研究解决保密工作中的重大问题，做到保密工作与业务工作同研究、同部署、同检查、同考核、同奖惩。

（4）将中央关于保密工作的方针、政策、党的保密纪律和国家保密法律法规列入党委中心组学习内容，并带头贯彻执行。

（5）定期听取保密工作汇报，了解和掌握公司保密工作情况，及时研究解决保密工作重大问题。

（6）监督保密工作责任制的落实，将各类人员履行保密责任情况纳入绩效考核内容，落实保密奖惩措施。

（7）重视发挥保密委员会职能，支持指导保密委员会办公室依法履行职责。

（8）为保密工作开展提供人力、财力和物力保障。

（9）其他应当履行的保密工作领导责任。

2. 分管保密工作领导、党委副书记责任

（1）对公司保密工作负具体领导责任。

（2）及时组织传达、学习党和国家有关保密工作的方针、政策、指示、决定及党的保密纪律、国家保密法律法规、上级机关的各项部署，组织研究和部署落实保密工作。

（3）组织制定、实施保密规章制度和工作计划。

（4）组织召开保密委员会例会，研究解决保密工作中的重点、难点问题，向党委报告保密工作开展情况，将保密工作重大事项提交党委会议研究，组织落实党委保密工作的指示、决定。

（5）组织开展保密宣传教育、保密检查、保密技术防护、泄密案件查处和考核表彰等工作。

（6）监督、检查保密工作落实情况。

（7）为保密工作机构履行职责提供保障。

（8）其他应当履行的保密工作领导责任。

3. 公司其他领导责任

（1）对分管业务范围内的保密工作负直接领导责任。

（2）熟悉分管业务范围内的保密工作情况，并将保密管理要求融入分管业务工作。

（3）对分管业务范围内的保密工作进行研究和部署。

（4）组织制定分管业务范围内的保密管理制度和措施，并指导、督促和检查，对未履职的人员提出批评或处理。

（5）为分管业务范围内的保密工作开展提供条件保障。

（6）其他应当履行的保密工作领导责任。

4. 各涉密部门负责人或者项目负责人责任

（1）对本部门或者本项目的保密工作负直接管理责任。

（2）明确部门或者项目内人员的保密职责，按照工作需要控制国家秘密的知悉范围。

（3）落实归口管理保密职责，将保密管理要求融入业务工作制度中。

（4）采取具体措施组织落实单位保密工作部署。

（5）开展日常保密教育和监督检查，并组织落实整改措施。

（6）其他应当履行的保密工作职责。

5. 保密要害部门、部位负责人责任

（1）严格遵守国家保密法律法规和上级机关、公司规章制度，自觉接受保密监督，对工作职责范围内的保密工作负有领导责任。

（2）确保职责管辖范围内国家秘密安全。

（3）结合本部门、部位实际，制定具体的保密管理制度和措施。

（4）与所属保密要害部门、部位涉密人员签订保密责任书，建立岗位责任制，把保密责任落实到人。

（5）有计划地组织本部门、部位工作人员进行保密教育、培训，使所属工作人员增强保密意识，掌握必备的保密知识技能。

（6）对所属保密要害部位、部位涉密人员的辞职、调动、因私出国（境）申请提出意见。

（7）对所属保密要害部门、部位涉密人员执行保密制度和遵守保密纪律情况进行监督、考核。

（8）定期对保密环境和涉密载体进行保密检查，及时消除泄密隐患。

（9）自己或所属保密要害部门、部位涉密人员发生泄密事件时应当积极采取补救措施并及时向所在机关、单位报告，绝不隐瞒；发现他人违反保密规定、泄露国家秘密时应当立即予以制止，并及时报告公司保密委员会和保密办公室。

6. 涉密人员责任

（1）对本职岗位保密工作负直接责任。

（2）掌握基本的保密知识、技能和要求。

（3）遵守国家有关保密法律法规和上级机关、公司各项保密规章制度。

（4）自觉接受保密教育和监督检查。

（5）及时报告泄密隐患，制止违法违规行为。

（6）其他应当履行的保密工作职责。

7. 员工保密责任

（1）严格遵守国家保密法律法规和公司保密规章制度，确保国家秘密、公司企业秘密安全。

（2）自觉履行依法保守国家秘密、保护公司企业秘密的义务，严格遵守保密纪律，不该说的不说，不该问的不问，不该看的不看，不该记录的不记录。

（3）主动接受保密教育培训，掌握保密知识技能，签订保密承诺书并践行承诺，自觉接受监督检查和考核。

（4）确保涉密载体安全，不在没有安全防护措施的场所存放涉密载体；不擅自携带涉密载体外出；不私自复制、保存、销毁涉密载体。

（5）严格遵守公司安全移动存储介质管理要求，不得用于存储和传递涉及国家秘密的信息。

（6）严格控制涉密事项知悉范围，不在非保密场所阅办、谈论涉密事项；不通过没有保密措施的通讯、通信方式传播涉密事项；不擅自公开、发布、提供涉密事项或以任何形式扩大涉密事项知悉范围。

（7）工作中严格遵守国家秘密“涉密不上网，上网不涉密”的原则要求。国家秘密不得在信息内网、信息外网和互联网上存储、处理、传递。涉密办公设备不得接入公司信息内网、信息外网和互联网。

（8）严格遵守公司信息外网使用规范要求，不在信息外网和互联网上存储、处理、传递企业秘密；不通过社会邮箱发送涉及工作事项的邮件。

（9）熟悉保密应急程序，发生失泄密事件时，立即采取补救措施，及时报告，不得隐瞒；发现失泄密事件或风险隐患时，要采取措施予以制止并及时报告。

（10）离岗、离职后，对知悉的国家秘密、企业秘密仍然负有保密义务，要严格遵守脱密期管理规定，及时清退个人持有和使用的涉密载体和信息设备，并办理移交手续。

五、奖惩措施

对于认真落实保密工作责任或者履行保密责任有不力的，将视情况，参照《×××× 公司领导人员保密工作责任追究管理办法》和《×××× 公司保密工作奖惩办法》相关规定实施奖惩。

第四章　定密知识

一、定密与定密工作的概念

（一）定密的概念

《国家秘密定密管理暂行规定》（以下简称《暂行规定》）第二条规定：“定密是指国家机关和涉及国家秘密的单位（以下简称机关、单位）确定、变更和解除国家秘密的活动。”

（二）定密工作的概念

定密工作是指国家秘密的确定、变更、解除，以及与其相关的定密组织、指导、授权和监督管理等各项工作的总和。

二、定密工作的历史沿革

（一）从 1951 年《保守国家机密暂行条例》颁布到 1988 年《中华人民共和国保守国家秘密法》颁布

这一时期是新中国保密事业的初创阶段，定密工作有了基本的遵循，但还不规范和完善。例如，国家秘密范围比较宽泛，没有制定保密事项范围，缺乏定密的法定程序，知悉范围和保密期限不明确等。

（二）从 1988 年《中华人民共和国保守国家秘密法》颁布到 1997 年《中共中央关于加强新形势下保密工作的决定》（以下简称《决定》）印发

这一阶段保密事业有了较大的发展，定密工作逐步规范和完善，主要是形成了全面系统的定密依据，缩小了保密范围，规定了定密程序，明确了国家秘密的保密期限和知悉范围，设定了密级变更和解密的程序等。

（三）从 1997 年《决定》印发至今

这一阶段保密事业进入快速发展时期，定密工作的规范化、科学化水平显著提升，主要是调整定密权限，集中清理保密事项范围，建立完善定密责任人制度，推行定密工作责任追究机制，加强定密监督管理等。

三、定密工作的重要性

在保密工作中，定密是一项源头性、基础性的工作。只有先把“密”定准了，才能做到既保障国家和企业秘密信息安全，维护国家和企业的安全、利益，又促进信息公开和信息资源合理利用。

四、定密工作的原则

坚持最小化、精准化原则，做到权责明确、依据充分、程序规范、及时准确，既确保国家秘密安全，又便利信息资源合理利用。

五、定密权限与定密责任

（一）定密权限

1. 定位权限的概念

定密权限，是指依据保密法律法规规定，对某一事项是否属于国家秘密以及属于何种密级进行确定，以及变更和解除国家秘密事项的职责权限。

2. 定密权的类型

根据保密法规定，定密权分为法定的定密权和授予的定密权。

（1）法定的定密权

中央国家机关、省级机关（省部级）：可以在主管业务工作范围内或者行政区域（省部）内作出授予绝密级、机密级、秘密级国家秘密定密权的决定。

设区的市、州（地市级）：可以在主管业务工作范围内或者行政区域（地市）内作出授予机密级、秘密级国家秘密定密权的决定。

县级以下：无定密权。

（2）授予的定密权

授予的定密权，是指通过定密授权途径获得的确定、变更和解除国家秘密的权限。

按照《国家秘密定密管理暂行规定》（以下简称《暂行规定》），三年来，年均产生机密级六件以上的单位可申请机密级、秘密级定密授权；年均产生秘密级六件以上的单位可申请秘密级定密权。

军工集团公司所属单位申请定密授权，可由军工集团公司审核后，报国家国防科技工业局审批。

被授权的机关、单位不得再行授权。

3. 无定密权限的情形

（1）派生国家秘密

《中华人民共和国保守国家秘密法》第十三条第三款规定：“机关单位执行上级确定的国家秘密事项，需要定密的，根据所执行的国家秘密的事项密级确定。”《暂行规定》第二十条规定：“机关、单位执行上级机关、单位或者办理其他机关、单位已定密事项所产生的国家秘密事项，根据所执行或者办理的国家秘密事项确定密级、保密期限和知悉范围。”派生定密是在执行或者办理已定密事项过程中，为继续履行对已定密事项的保密义务而采取的具体保密管理措施，无须定密权。

无定密权机关单位可以因执行或者办理已定密事项，派生确定国家秘密。具有较低密级定密权的机关单位可以因执行或者办理较高密级的已定密事项，派生确定超出本机关、本单位定密权限的国家秘密。

（2）提请上级机关定密的情形

没有法定的定密权，又不符合申请定密授权条件的机关、单位，在实际工作中确实产生了需要定密的事项应当提请上级机关确定。

《中华人民共和国保守国家秘密法》第十条第三款规定：“下级机关、单位认为本机关、本单位产生的有关定密事项属于上级机关、单位的定密权限，应当先行采取保密措施，并立即报请上级机关、单位确定；没有上级机关、单位的，应当立即提请有相应定密权限的业务主管部门或者保密行政管理部门确定。”

综上所述，没有定密权的单位，对所产生的国家秘密事项报请上级机关、单位、业务主管部门或者保密行政管理部门定密即可。

例如：某事业单位不属于享有法定定密权的机关，从多年来的保密工作看，很少产生国家秘密，不符合年均产生六件以上国家秘密事项可以申请定密权的条件。但由于工作原因，某时间段内，该事业单位确实产生了国家秘密，需要定密。此时，该事业单位应当对该事项先行拟定密级、保密期限和知悉范围，采取与拟定密级相适应的保密管理措施，并立即就该事项提请其上级机关、单位定密。

4. 商业秘密、工作秘密定密权限

商业秘密、工作秘密直接关系的主体是权利人或单位科研、生产和经营活动，所以不需要申请法定的定密权限，由权利人、单位自行确定或执行上级机关有关规定。例如：央企确定商业秘密，执行国资委的有关规定。

（二）定密责任

1. 定密责任的定义

《中华人民共和国保守国家秘密法》第十四条规定："机关、单位对所产生的国家秘密事项，应当按照国家秘密及其密级的具体范围的规定确定密级，同时确定保密期限和知悉范围。"这一规定明确了国家秘密产生机关的定密责任。

定密责任有两层含义。第一层是产生国家秘密事项的机关、单位，都有依法确定国家秘密的责任。这种责任是法定的，而且只能由本机关、本单位承担，不能委托或指定其他机关、单位代为行使；定密责任人也必须由自己依法履行定密责任，不能委托或指派其他没有定密资格的人员代行职责。第二层是各定密的主体及其相应的定密责任人，都要为定密的后果承担相应的法律责任。

2. 定密责任人、部门审核人及承办人

（1）定密责任人

《中华人民共和国保守国家秘密法》第十二条规定："机关、单位负责人及其指定的人员为定密责任人，负责本机关、本单位的国家秘密确定、变更和解除工作。"这一规定明确了我国定密责任人制度的基本框架，明确了定密责任人包括两类人员，即机关、单位负责人(法定的定密责任人)和负责人指定的人员(指定的定密责任人)。

机关、单位可以确定一名或多名负责人为定密责任人，对本机关、本单位定密工作负责；同时，被确定为定密责任人的机关、单位负责人，根据工作需要，可以指定若干人员具体负责定密工作，并对定密后果承担直接责任。作为定密责任人的机关、单位负责人，原则上应当是机关、单位的法定代表人或党政一把手；被指定为定密责任人的人员，按照《暂行规定》要求，应当为本机关、本单位其他负责人、内设机构负责人或者其他工作人员，并明确相应的定密权限。

定密责任人职责：一是审核批准本机关、本单位产生的国家秘密的密级、保密期限和知悉范围。二是对本机关、本单位产生的尚在保密期限内的国家秘密进行审核，作出是否变更或者解除的决定。三是对是否属于国家秘密和属于何种密级不明确的事项先行拟定密级，并按照规定的程序报保密行政管理部门确定。四是对承办人拟定密级的工作进行业务指导或者根据本机关、本单位工作安排组织定密业务培训。五是对本机关、本单位无权定密的事项，按照申请定密程序，报请相应的有定密权的机关、单位或保密行政管理部门确定。六是对拟公开发布的信息进行保密审查。七是受理并答复有关方面提出的定密异议。八是就保密事项范围的制定修订或加强和改进定密管理工作，向有关机关提出建议等。

（2）部门审核人

部门审核人，是指机关、单位内设职能部门负责人。依据业务工作实际，准确提出密级审核意见，协助定密责任人把握定密准确性。

（3）承办人

承办人，是指根据机关、单位内部岗位职责分工，负责具体处理、办理涉及国家秘密事项的工作人员。《中华人民共和国保守国家秘密法》第十二条第二款规定："机关、单位确定、变更和解除本机关、本单位的国家秘密，应当由承办人提出具体意见，经定密责任人审核批准。"《中华人民共和国保守国家秘密法实施条例》（以下简称《实施条例》）第十二条规定："机关、单位应当在国家秘密产生的同时，由承办人依据有关保密事项范围拟定密级、保密期限和知悉范围，报定密责任人审核批准，并采取相应保密措施。"《暂行规定》第二十一条规定："机关、单位确定国家秘密，应当依照法定程序进行并作出书面记录，注明承办人、定密责任人和定密依据。"上述规定表明，定密的初始工作由承办人承担，承办人是整个定密流中第一个环节工作的执行者。

依据法律法规，承办人应当对自己承办的事项是否应当确定为国家秘密及确定为何种密级，如何限定保密期限和知悉范围提出具体意见，并在其形成的载体上做出国家秘密标志，对已确定的国家秘密是否需要变更或解除提出意见建议，提交本机关、本单位定密责任人审核批准。

六、定密工作依据

定密依据是确定、变更和解除国家秘密或企业秘密的根据、标准和来源。

（一）国家秘密的定密依据

《中华人民共和国保守国家秘密法》第十四条规定："机关、单位对所产生的国家秘密事项，应当按照国家秘密及其密级的具体范围的规定确定密级，同时确定保密期限和知悉范围。"这一规定明确了保密事项范围是定密的直接依据。

以下为定密依据：

（1）中央国家机关和国家保密局联合下发的行业国家秘密保密范围；

（2）《×××× 公司涉密事项目录》（×××× 公司〔2018〕342 号）；

（3）国家或上级机关下达的涉密工程（项目）任务书、合同书规定的密级；

（4）所执行或办理的国家秘密事项的密级。

（二）企业秘密的定密依据

1. 商业秘密的定密依据

（1）国家有关商业秘密保护的法律法规；

（2）《×××× 公司涉密事项目录》（×××× 公司〔2018〕342 号）；

（3）所执行或办理的商业秘密事项的密级。

2. 工作秘密的定密依据

公司实际工作需要。

七、定密程序

（一）定密程序的定义

定密程序，是指确定、变更和解除国家秘密或企业秘密事项的步骤、顺序和时间。确定、变更和解除国家秘密应当严格按照法定程序进行。

（二）国家秘密的定密程序

1. 国家秘密的确定程序

（1）公司产生国家秘密事项的确定程序

①国家秘密确定程序启动于“国家秘密产生的同时”。国家秘密产生的同时，是指国家秘密形成的时间，如涉密数据形成时、涉密文件起草时。

②承办人提出国家秘密确定意见。承办人对照国家秘密保密范围，采取“对号入座”的方法，拟定密级、保密期限和知悉范围，并在国家秘密载体上做出国家秘密标志，填写《国家秘密确定审批表》，报定密责任人审核批准。对于“无号可对”的事项，认为确实关系国家安全利益的，按照不明确事项处理。

③定密责任人对承办人拟定国家秘密事项的依据是否正确，所拟定国家秘密事项的密级、保密期限、知悉范围是否准确，所标注的国家秘密标志是否规范完整等情况进行审核。同意拟定意见的签字认可；不同意的，直接予以纠正或者退回承办人重新办理；决定不定密的，明确提出不予定密的意见。

④作出书面记录。《暂行规定》第二十一条明确规定：“机关、单位确定国家秘密，应当依照法定程序进行并作出书面记录，注明承办人、定密责任人和定密依据。”对在国家秘密确定过程中形成的承办人意见、定密责任人审核意见等工作情况应当作出文字记载，并存档备查。

例如：某单位根据工作需要，确定分管业务工作的负责人赵某为定密责任人。该单位某部门工作人员钱某根据岗位职责，承担该文件起草工作，文件内容涉及国家秘密。钱某作为文件起草人员，即为承办人，应当按照以下程序对该文件进行定密。

第一，钱某在起草文件时，对照《×× 工作国家秘密范围的规定》，将文件确定为机密级，保密期限为六个月，知悉范围为有关工作人员，然后在文件首页左上角做出国家秘密标志。

第二，将草拟的文件报送定密责任人赵某审核。赵某在审核文稿时，对钱某所提交的定密依据和拟定的密级、保密期限、知悉范围等一并进行审核，同意承办人意见即签字批准，至此完成定密程序。

第三，文件正式印发后，应当将记载定密过程的文字材料和文件原稿等一并归档备查。

（2）公司派生国家秘密事项的确定程序

在派生国家秘密产生的同时，应当由承办人依据所执行或者办理的已定密事项拟定密级、保密期限和知悉范围，报定密责任人审核批准。同时，作出书面记录，注明承办人、定密责任人和定密依据，并在相关载体上做出相应的国家秘密标志。

不明确事项和有争议事项的确定程序。

①不明确事项，即“无号可对”的事项，是指根据保密法相关规定，认为所产

生的事项具备国家秘密构成要素，泄露后会损害国家安全和利益，但在相关的保密事项范围中，没有对其是否属于国家秘密及属于何种密级作出明确规定的情形。根据《实施条例》第十条第三款规定，不明确事项应当按照下列程序办理：

第一，对符合保密法的规定，但保密事项范围没有规定的有明确事项，应当先行拟定密级、保密期限和知悉范围，采取相应的保密措施，并自拟定之日起10日内报有关部门确定。拟定为绝密级的事项，报国家保密行政管理部门确定；拟定的机密级、秘密级的事项，报省保密行政管理部门确定。

第二，保密行政管理部门接到报告后，在十日内作出决定。

②有争议事项，是指对已定密事项是否属于国家秘密或者属于何种密级有不同意见，向原定密机关、单位提出异议后，原定密机关、单位未予处理或者对原定密机关、单位作出的决定仍有异议的情形。根据《实施条例》第二十条规定，有争议事项应当按照下列程序办理：

第一，由承办人按争议中所主张的最高密级和最长保密期限提出定密意见，经定密责任人审核并报单位负责人批准后，逐级报至有相应密级确定权的保密行政管理部门确定。确定为绝密级的事项，报国家保密行政管理部门确定；确定为机密级、秘密级的事项，报省保密行政管理部门确定。

第二，对省级保密行政管理部门作出的决定仍有异议的，可以向国家保密行政管理部门申请复核。原定密机关、单位作出处理或者保密行政管理部门作出决定前，对有关事项应当按照主张密级中的最高密级采取相应的保密措施。

2. 国家秘密的变更程序

国家秘密的密级、保密期限和知悉范围，应当根据情况变化及时变更。国家秘密变更的内容，包括密级的降低或提高、保密期限的缩短或延长、知悉范围的扩大。三者既可以单独进行，也可以同时进行。

（1）国家秘密的变更条件

根据《暂行规定》第二十条规定，有下列情形之一的，应当对所确定国家秘密事项的密级、保密期限或者知悉范围及时作出变更：

①定密时所依据的法律法规或者保密事项范围发生变化的；

②泄露后对国家安全和利益的损害程度发生明显变化的。

（2）国家秘密变更的主体

一般而言，国家秘密“谁确定，谁变更，谁解除”。国家秘密的变更应当由该国家秘密确定的主体负责。但同时，保密法规定，国家秘密的密级、保密期限和知悉范围的变更，由原定密机关、单位决定，也可以由其上级机关决定。上级机关有权直接变更下级机关、单位确定的国家秘密。

不属于本单位确定的国家秘密事项，认为需要对其密级、保密期限和知悉进行变更的，可以向原定密机关、单位或者其上级机关提出建议，但不得擅自进行变更。

（3）国家秘密变更的程序

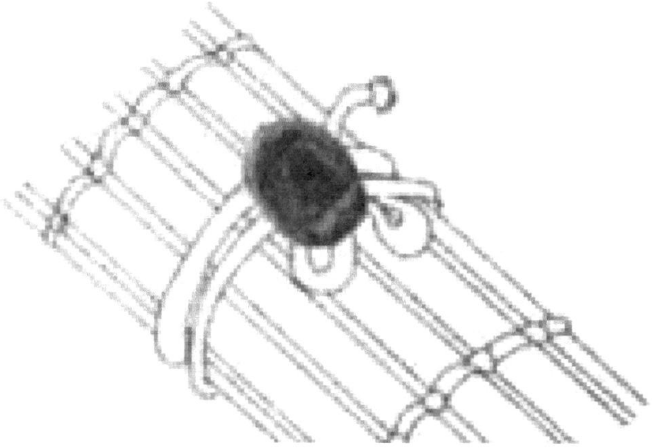

第一，承办人对国家秘密事项密级、保密期限和知悉范围的变更提出建议意见，并提交单位定密责任人审核。

第二，定密责任人对承办人提请变更国家秘密事项的意见进行审核并签署是否同意变更的意见，对变更意见不准确的不予批准。

定密责任人也可依法直接作出变更国家秘密的决定，并不一定都需要由承办人参与国家秘密变更程序。

第三，定密责任人在变更国家秘密的同时，应当及时在原国家秘密标志附近重新做出国家秘密标志。

第四，国家秘密的密级、保密期限或知悉范围变更的，应当书面通知知悉范围内的机关、单位或者人员。有关机关、单位接到通知后，应当在国家秘密标志附近标明变更后的密级、保密期限和知悉范围。

（4）国家秘密解除的程序

国家秘密的解除，简称解密，是指已定为国家秘密的事项，因为情况的变化，失去其国家秘密属性，不具有保密价值，按照规定程序，将其从国家秘密事项中分离出来，不再按照程序保守、保护国家秘密的措施进行管理，知悉范围内的机关、单位和人员不再对该事项履行保密义务和承担保密责任。

对不需要继续保密的事项及时解除，有利于信息资源的合理利用，保障公民的知情权；有利于节约保密资源，更好地做好保密工作。

①解密方式。解密主要有两种形式：一是自行解密，即原定的国家秘密事项的保密期限已满，定密机关、单位未延长保密期限的，即视为该事项自行解密；二是

提前（审查）解密，即机关、单位对仍在保密期限内的国家秘密和保密期限即将届满的事项审查后，决定对其提前解密。

解密不等于公开，有的可能涉及工作秘密、商业秘密和个人隐私，仍应当加强管理，适当控制知悉范围。对已解密的国家秘密文件、资料，在原定密机关、单位尚未正式公开前，应当作为内部资料加以保管，不得擅自公开。因工作需要确需公开的，需履行审查审批程序。

②提前（审查）解密条件：一是法律法规或者保密事项范围调整后，不再属于国家秘密的；二是公开后不会损害国家安全和利益，不需要继续保密的；三是从全局衡量，公开后对国家更有利的。

③解密程序：

第一，承办人提出解密意见，填写解密审查审批表，报单位定密责任人审核。

第二，定密责任人对承办人提请解密的事项进行审核，对解密意见不准确的不予批准；

第三，定密责任人作出解除国家秘密决定的，应当在原国家秘密标志附近做出解密标志；

第四，国家秘密经审核批准解除后，应当以书面形式通知知悉范围内的机关、单位和人员；

第五，接到通知的有关机关、单位和人员，应当及时在原国家秘密标志附近位置做出解密标志。

（三）企业秘密的定密程序

1. 企业秘密的确定程序

承办人（拟稿人）登录协同办公系统按照发文流程，对照《×××× 公司密级范围的规定》（×××× 办〔2018〕342 号），拟订密级、保密期限和知悉范围，标注秘密标志，发送给本部门主任审核，部门主任签署同意后，由承办人（拟稿人）发送给保密办主任审核，保密办主任审核同意后，再由承办人（拟稿人）发送至办公室总文书流转，然后由总文书将文件发送至公司领导审批。公司领导审批同意后，企密文件可在内网流转。文件若需要县级公司审阅，需打印纸质文件，由相关单位签字领取。

2. 企业秘密的变更程序

由承办人提出具体意见，经本单位分管领导审核批准后，以书面形式通知知悉范围内的部门、单位或人员。

3. **企业秘密的解除程序**

企业秘密事项保密期限已满即自行解密。在保密期限内的，若公开后无损于公司的安全和利益，或公开后对公司更为有利的，应当及时解密，解密由原确定密级的部门和单位决定。

八、定密工作内容与秘密标志

（一）定密工作内容

密级、保密期限和知悉范围是秘密的三个基本要素，定密时应当同时明确这三个要素。

1. **密级**

（1）国家秘密的密级

按照国家秘密事项与国家安全和利益的关联程度，以及泄露后可能造成的损害程度，国家秘密的密级可分为绝密、机密、秘密三级。

绝密级国家秘密是最重要的国家秘密，泄露会使国家安全和利益遭受特别严重的损害。

机密级国家秘密是重要的国家秘密，泄露会使国家安全和利益遭受严重的损害。

秘密级国家秘密是一般的国家秘密，泄露会使国家安全和利益遭受损害。

（2）企业秘密的密级

①商业秘密的密级

按照重要程度以及泄露后会使公司的经济利益遭受损害的程度，商业秘密可分为核心商业秘密、普通商业秘密两级。

核心商业秘密，是指泄露后会使公司利益遭受特别严重损失的事项。

普通商业秘密，是指泄漏后会使公司利益遭受较大损失的事项。

② 工作秘密的密级

按照泄露后会给工作造成被动或损害的程度，分为“内部事项”或“内部资料”，无具体密级。

2. **保密期限**

（1）国家秘密的保密期限

根据《中华人民共和国保守国家秘密法》第十五条规定，国家秘密的保密期限，除另有规定外，绝密级不超过三十年，机密级不超过二十年，秘密级不超过十年。考虑到有些国家秘密事项具有较强的稳定性，长期关系国家安全和利益，即使确定为最长保密期限，也难以满足保密需求，有的保密事项范围规定了某类国家秘密事项保密期限为“长期”。对该类事项，定密时应当按照规定办理，不得擅自作出改变其保密期限的决定。

（2）企业秘密的保密期限

根据《中央企业商业秘密保护暂行规定》第十四条规定，中央企业自行设定商业秘密的保密期限。可以预见时限的以年、月、日计，不可以预见时限的应当定为“长期”或者“公布前”。

3. 知悉范围

知悉范围，是指可以合法知悉国家秘密或知悉企业秘密内容的机关、单位或者人员的范围。确定知悉范围是确保国家和企业秘密处于安全可控范围，并采取相应的保密防护措施的重要保障。知悉范围确定的基本原则是：

第一，工作需要原则。确定国家和企业秘密的知悉范围，首先应当根据工作需要确定，不应简单地把知悉秘密事项视为一种政治待遇，或者把行政级别作为确定秘密知悉范围的依据。

第二，最小化原则。应当把秘密知悉范围尽可能限定到具体人员，无法限定到具体人员的，应当限定到具体的知悉机关、单位。关于秘密知悉范围之外的人员，因工作需要确需知悉国家秘密的，应当履行审查审批程序。对于原定密机关、单位明确要求不得扩大知悉范围的，知悉范围需要扩大时，应当征得原定密机关、单位同意。

（二）秘密标志

国家秘密和企业秘密一经确定，应当同时做出秘密标志。

（1）国家秘密的密级标志形式为：“密级★保密期限”“密级★解密时间”或“密级★解密条件”，例如：机密★ 20 年。

（2）公司商业秘密的标志形式为：“密级 • 保密期限”，例如“核心商密 •5 年”。

（3）公司工作秘密的标志形式为“内部事项”或“内部资料”。

（4）在纸质和电子文件秘密载体上做出秘密标志的，应当符合有关国家标准和上级机关规章制度的要求，没有国家标准或规定的，应当标注在封面左上角或者标题上方的显著位置。电子文件在文件名中应注明该文件密级，且秘密标志必须与正文首页秘密标志一致；汇编涉密文件、资料，应对各独立文件、资料做出标志，并在封面或者首页以其中最高密级和最长保密期限做出标志；摘录、引用属于国家秘密内容的，应以其中最高密级和最长保密期限做出标志。

九、定密工作监督检查与法律责任

（一）定密工作监督检查

定密监督是定密工作的重要组成部分，依法依规开展定密监督是定密工作法制化、规范化的重要保证。

1. 定密监督的类型

（1）自我监督。发现本单位定密不当的，应当及时纠正。保密委员会、保密办、定密责任人应当定期对单位定密工作情况进行监督检查，及时发现定密不当等问题并及时加以纠正。

（2）上级监督。上级机关组织开展的定密检查工作。

（3）保密行政管理部门监督。定密监督是保密行政管理部门的法定职责之一。

（4）定密异议监督。定密异议是指机关、单位对某一事项是否属于国家秘密或者属于何种密级有不同意见，向原定密机关、单位提出异议的情形。

2. 定密监督的方式和主要内容

定密监督应当重点针对是否存在越权定密、定密不准、定密程序不规范、标志不规范、不及时解密等定密不当行为，以及定密责任人制度落实情况、定密授权制度执行情况等进行。

定密不当主要有五种情形：一是权限不当；二是依据不当；三是程序不当；四是内容不当；五是标志不当。

监督检查方式：一是开展定密检查工作。应当对本单位及下级单位开展定密工作的情况定期进行检查，并将检查结果作为保密工作考核的重要内容。二是对定密责任人的工作进行监督。《暂行规定》第十七条对法定定密责任人对指定定密责任人的监督作出规定，要求机关、单位负责人发现其指定的定密责任人未依法履行定密职责的，应当及时纠正，有“定密不当，情节严重”等情形的，应当对指定的定密责任人作出调整。三是做好定密统计工作。定密统计是掌握定密工作底数、做好保密管理的基础性工作。

（二）法律责任

1. 单位责任

单位是定密主体，应当对本单位行使定密权、履行定密管理职责情况负责。《暂行规定》第四十三条对机关、单位违反责任进行了明确，规定机关、单位未依法履

行定密管理职责，导致定密工作不能正常进行的，应当给予通报批评。

2. 单位负责人责任

单位负责人作为法定定密责任人，对机关、单位定密工作负总责。对未履行定密工作领导责任、未有效指导本单位建立定密管理工作机制、未依法开展定密工作的定密责任人，应当承担相应的领导责任：情节轻微的，由有关部门给予通报批评；造成泄密等严重后果的，依纪依法追究责任。

3. 有关人员责任

承担违规定密责任的人员包括定密责任和承办人。

《中国人民共和国保守国家秘密法》第四十九条第二款规定："机关、单位违反本法规定，对应当定密的事项不定密，或者对不应当定密的事项定密，造成严重后果的，由有关机关、单位依法对直接负责的主管人员和其他直接责任人员给予处分。"对定密而言，"直接负责的主管人员"是指定密责任人，"直接责任人员"是指承办人。

《暂行规定》第四十二条规定，定密责任人和承办人违反本规定，有下列行为之一的，机关、单位应当及时纠正并进行批评教育；造成严重后果的，依纪依法给予处分：

（一）应当确定国家秘密而未确定的；

（二）不应当确定国家秘密而确定的；

（三）超出定密权限定密的；

（四）未按照法定程序定密的；

（五）未按规定标注国家秘密标志的；

（六）未按规定变更国家秘密的密级、保密期限、知悉范围的；

（七）未按要求开展解密审核的；

（八）不应当解除国家秘密而解除的；

（九）应当解除国家秘密而未解除的；

（十）违反本规定的其他行为。

第五章 涉密人员上岗前保密知识

一、保密工作形势

正确认识形势，是做好保密工作的重要前提，只有准确把握保密工作面临的新形势，才能始终保持清醒头脑，强化保密意识，增强做好保密工作的责任感和紧迫感。

（一）全球范围内窃密与反窃密的斗争日益激烈

目前，国际竞争日趋激烈，世界各国都加紧了对信息资源的控制与争夺，窃密与反窃密的斗争空前激烈，已经扩展和渗透到国家政治、经济和社会生活的各个方面。我国已成为境外情报活动的重要目标，同时情报技术先进，手段多样。

（二）国家秘密的存在形态和运行方式发生重大变化，泄密渠道明显增多，防范难度加大

（1）国家秘密存储介质多样化、轻便化。

（2）国家秘密信息存载与保护方式数据化、系统化。

（3）涉密渠道增多、形式隐蔽、隐患严重。一是涉密笔记本电脑泄密；二是数字复印机泄密；三是多功能一体机泄密；四是无线局域网泄密；五是移动存储介质泄密；六是手机泄密。

（三）内部保密管理制度不落实，网络泄密危害严重

（1）一些涉密人员和平麻痹思想严重，缺乏保密工作所必需的基本知识与技能。

（2）一些单位保密管理制度不落实，计算机信息系统违规问题严重。

（3）计算机及办公自动化设备保密技术防护薄弱。

二、保密工作方针政策、原则与法律法规、规章制度

（一）保密工作方针

《中华人民共和国保守国家秘密法》第四条规定：“保守国家秘密的工作（以下简称保密工作），实行积极防范、突出重点、依法管理的方针，既确保国家秘密安全，又便利信息资源合理利用。”具体内容如下：

1. 积极防范

“积极防范”是保密工作实践经验和特点规律的科学总结。具体来讲，“积极防范”就是以防止窃密为出发点和着力点，积极主动，关口前移，把保密工作做在前面，把保密措施落实在前面，构筑人防、物防、技防的综合防范体系，及时发现和消除泄密隐患，堵塞泄密漏洞，从源头上防止各类窃密泄密事件发生，确保国家秘密安全。

2. 突出重点

“突出重点”是抓好保密工作的重要方法。具体而言，“突出重点”就是要“因密制宜”，管住核心、管住要害、管住源头，切实抓好重点领域和重要方面的保密工作，确保核心秘密安全。

3. 依法管理

“依法管理”是依法治国基本方略在保密工作中的运用和体现。这一根本要求是依照国家保密法律、法规和规章及其他相关法律的规定管理国家秘密。

4. 保放适度

“既确保国家秘密安全，又便利信息资源合理利用”，既是保密工作的根本目标，也是保密工作所遵循的一个重要准则。做好保密工作，既要通过建立严密防护体系，确保国家秘密安全，同时，必须充分遵循信息化条件下信息资源利用和管理的客观规律，建立科学有效的保密管理制度，促进信息资源的合理利用。

（二）保密工作原则

《“十二五”时期全国保密事业发展规划》提出，要遵循保密工作客观规律，坚持“最小化、全程化、精准化、自主化、法制化”的保密管理科学原则。具体内容如下：

1. 最小化原则

最小化原则，是指严格按照有关保密规定和标准确定、管理国家秘密，确保国

家秘密数量最少、知悉范围最小、涉密环节最简。

2. 全程化原则

全程化原则，就是坚持国家秘密在哪里，保密工作就做到哪里，按照严格规范的标准和要求实施保密管理，实现全过程、全范畴、全方位、全天候覆盖，做到保守国家秘密百密不疏。

3. 精准化原则

精准化原则，就是根据不同行业、领域特点和涉密程度，采取相应保护措施，合理分配力量资源，精心设计方案、精细实施活动、精准制定标准，确保管理对象清晰、管理措施有效、管理流程闭环，不断增强保密工作的科学性、针对性和有效性。

4. 自主化原则

自主化原则，就是积极应对信息化条件下高技术窃密的严峻形势，大力加强保密科技工作，大幅提升自主创新能力，全面掌握核心关键技术，研制并推广应用具有自主知识产权、先进可靠实用、覆盖保密工作各领域各环节的保密技术产品，构建全方位、立体式、多层次的保密技术防护和检查监管体系，确保党和国家的秘密安全。

5. 法制化原则

法制化原则，是指进一步健全以保密法为主干的保密法规制度，形成上下衔接配套、行业领域全覆盖的保密法规体系，把保密工作的方方面面完全纳入法制轨道，形成依法办事、依法管理的工作模式，不断增强保密管理的权威性和规范性，提高制度的执行力。

这“五项原则”是一个相互衔接、相互支撑、相辅相成的有机整体。其中，最小化是前提，全程化是保证，精准化是关键，自主化是支撑，法制化是基础。

（三）保密法律法规

1.《中华人民共和国保守国家秘密法》相关规定

第三十五条　在涉密岗位工作的人员（以下简称涉密人员），按照涉密程度分为核心涉密人员、重要涉密人员和一般涉密人员，实行分类管理。

任用、聘用涉密人员应当按照有关规定进行审查。

涉密人员应当具有良好的政治素质和品行，具有胜任涉密岗位所要求的工作能力。

涉密人员的合法权益受法律保护。

第三十六条　涉密人员上岗应当经过保密教育培训，掌握保密知识技能，签订保密承诺书，严格遵守保密规章制度，不得以任何方式泄露国家秘密。

第三十七条　涉密人员出境应当经有关部门批准，有关机关认为涉密人员出境将对国家安全造成危害或者对国家利益造成重大损失的，不得批准出境。

第三十八条　涉密人员离岗离职实行脱密期管理。涉密人员在脱密期内，应当按照规定履行保密义务，不得违反规定就业，不得以任何方式泄露国家秘密。

第三十九条　机关、单位应当建立健全涉密人员管理制度，明确涉密人员的权利、岗位责任和要求，对涉密人员履行职责情况开展经常性的监督检查。

2.《中华人民共和国保守国家秘密法实施条例》相关规定

第三十条 涉密人员的分类管理、任（聘）用审查、脱密期管理、权益保障等具体办法，由国家保密行政管理部门会同国务院有关主管部门制定。

（四）×××× 公司规章制度

1.《×××× 公司保密工作管理办法》相关规定

第四十四条　涉密人员必须参加保密培训，经考试合格，填写《涉密人员审批表》，经本单位组织（人事）部门、保密办公室审查，保密委员会审批，并签订《涉密人员保证书》，方可进入涉密岗位。不签订的，不得上岗。

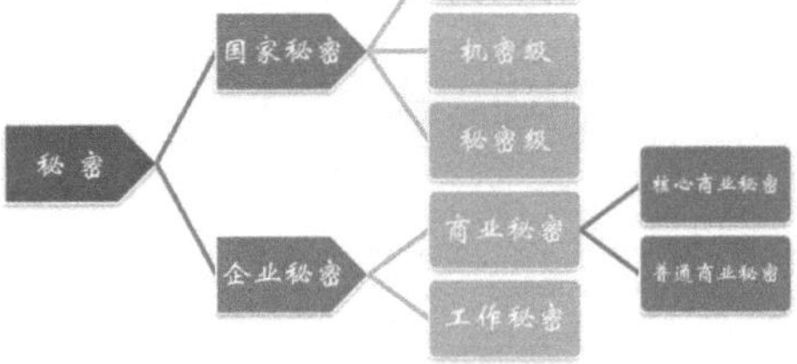

第四十六条　公司各级保密工作机构要定期对涉密人员进行保密形势、保密法律法规、保密技术防范知识等教育培训。每年至少组织两次保密培训，以增强其保密意识和保密技能。

第四十七条　涉密人员应熟知本职工作中涉及国家秘密和企业秘密具体事项的范围、密级和保密期限，知悉必须承担的保密义务和责任。

第四十八条　涉密人员必须自觉接受保密教育、遵守保密纪律、接受保密检查。发生、发现泄密事件时，必须立即采取补救措施，并及时向本单位保密办公室报告。

2.《×××× 公司关于进一步加强涉密人员管理的通知》相关要求

第二条第（二）款　加强涉密人员上岗、在岗和离岗管理

各单位要认真落实保密管理工作要求，加强涉密人员管理，及时组织新上岗涉密人员填写《涉密人员审批表》，并组织开展保密知识培训和考试。

三、涉密人员上岗管理知识

（一）涉密人员概念与分类

1. 涉密人员概念

（1）国家层面定义

涉密人员是指在日常工作中产生、经管或者经常接触、知悉国家秘密事项的岗位上工作的人员。具体而言，是指具备一定的任职资格，根据涉密岗位类别和工作需要，允许合法接触或知悉国家秘密的人员。

（2）×××× 公司定义

涉密人员是指经组织审查批准，经常接触、处理或知悉、使用、管理国家秘密事项和企业秘密事项，在保守国家秘密和企业秘密安全方面负有重要责任的人员。

2. 涉密人员分类

涉密人员按其所涉及涉密事项的密级程度实行分类管理。

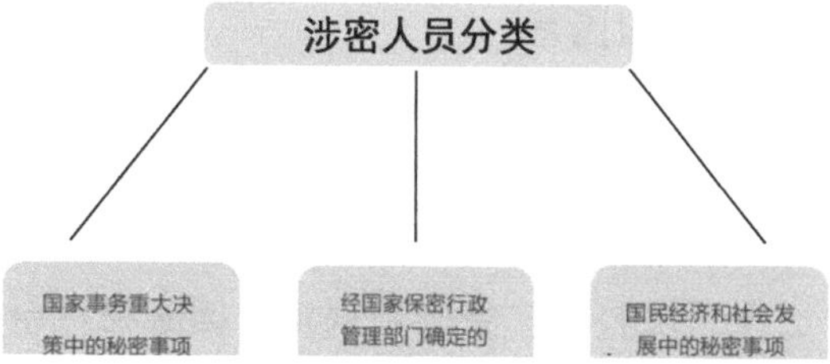

核心涉密人员：产生、经管或经常接触、知悉绝密级国家秘密事项的人员。

重要涉密人员：产生、经管或经常接触、知悉机密级国家秘密事项和公司核心商业秘密的人员。

一般涉密人员：产生、经管或经常接触、知悉秘密级国家秘密事项和公司普通

商业秘密的人员。

（二）涉密人员的确定原则

按照“以项定岗、以岗定人”的原则，界定涉密岗位和确定涉密人员。

1. 涉密岗位的概念

涉密岗位，是指日常工作中产生、经管或者经常接触、知悉国家秘密和企业秘密事项的岗位。

2. 涉密岗位的确定

（1）国家秘密涉密岗位的确定

① 制作、复制、收发、传递、保管、维修和销毁国家秘密载体的岗位。

② 涉密信息系统有关建设、管理、运维等岗位。

③ 承担涉密科研项目研究、管理任务的岗位。

④ 从事国家秘密产品生产的岗位及相关管理岗位。

⑤ 定密责任人岗位。

⑥ 其他专门处理国家秘密的岗位。

⑦ 不属于上述特定岗位，但工作中年产生、处理国家秘密事项达到绝密级三项（件），或机密级以上三项（件），或秘密级以上九项（件）的岗位。

（2）企业秘密涉密岗位确定

按照《×××× 公司密级范围的规定》（×××× 办）涉密事项范围，界定涉密岗位。

（三）涉密人员任职和禁止条件

1. 涉密人员任职条件

（1）具有中华人民共和国国籍

这是涉密人员的国别条件，也是涉密人员应当具备的最基本的条件。世界各国主要国家法律或行政法规普遍作出明确规定，涉密人员必须具备本国国籍，除非确有必要并且经过非常严格的审查程序，涉密信息不允许外国公民知悉。这是由国家秘密的属性决定的，《保密法》第二条明确规定了国家秘密事关国家安全和利益，应当由国家和国民来共同保护。

（2）热爱祖国，拥护中华人民共和国宪法

这是涉密人员的政治立场。对国家忠诚是对涉密人员的基本要求。如今，国内国外各种思潮、观点日益增多，众说纷纭、泥沙俱下。在这样复杂的环境中，保持对国家的忠诚，保持政治上的定力非常重要。如果没有祖国的忠诚，保护国家安全和利益就无从谈起，在斗争面前就难以经受住考验；如果不拥护宪法，遵守保密法等法律法规的自觉性就会大打折扣，国家安全也会受到直接影响。

（3）诚实可靠，品行端正，作风正派

这是涉密人员的品行条件。德才兼备、以德为先，是选用涉密人员的基本方针。如果涉密人员没有好的品行作风，就容易迷失方向，无法担负保守国家秘密的重要职责。只有坚持原则、认真负责、敢于担当，才能尽职尽责，成为合格的涉密人员。

（4）具备涉密岗位要求的业务素质和能力

这是涉密人员的能力条件。涉密岗位具有双重性属性：一方面，就工作内容来说，该岗位是从事某项具体业务工作的岗位；另一方面，从是否涉密来看，该岗位是涉及国家秘密信息的岗位。所以涉密岗位的工作，在业务和保密两个方面都具有很强的专业性和技术性，这就要求涉密人员不仅具备较高的政治思想素质，还必须同时具备业务上的素质和保密工作的知识技能。熟练地掌握和运用业务知识和保密技能，是涉密人员完成本职工作必不可少的条件和基本要求。

2. 涉密人员禁止条件

（1）不具有中华人民共和国国籍或者获得国（境）外永久居留权、长期居留许可的

这些人不符合最基本的国别要求，无法保证其所掌握国家秘密的安全，因此不适合作为涉密人员。

（2）有影响国家安全和利益的行业或倾向的

这一禁止条件也是许多国家都规定的禁止条件。与普通人员相比，涉密人员掌握大量影响国家安全和利益的事项，对国家安全和利益的“忠贞”极为重要，如背景复杂，被开除党籍、军籍的人员等。

（3）受过刑事处罚、被开除公职或者曾因严重违反保密规定被调离涉密岗位的

此条所指的三种情况，是指被审查者曾经犯过比较严重的错误，对国家秘密安全可能产生严重影响，不应通过保密审查。这些曾经犯下的错误，或者是思想政治上，或者是个人品行上，或者是能力素质上出现了问题，这些问题都可能直接影响被审查者从事涉密岗位工作的能力，也直接影响国家的安全和利益。

（4）有吸毒、赌博等违法犯罪行为，以及酗酒等不良行为的

违法犯罪行为以及不良行为会对一个人的工作和生活产生巨大影响，涉密人员具有违法犯罪行为以及不良行业，也容易成为别有用心者的突破口，从而达到窃取国家秘密的目的，严重影响国家秘密安全

（5）其他不适合在涉密岗位工作情形的

比如，配偶已移居国（境）外或者没有配偶，子女均已移居国（境）外的，对这样一些人，在任（聘）用到涉密岗位工作的时候要区别对待。在调查过程中，如果发现一些影响被审查者从事涉密工作的其他情况，则要做进一步调查，一旦调查结果认定可能影响国家安全和利益，则不能授予其涉密人员资格。

（四）涉密人员上岗程序

1. 任前审查

涉密人员上岗前应当填写《涉密人员审批表》，组织人事部门会同保密办公室，依据涉密人员任职条件对拟聘人员进行严格的任前审查。审查内容主要包括国籍、政治立场、个人品行、学习经历、工作经历、现实表现、主要社会关系以及与国（境）外机构、组织、人员交往等情况。

经审查合格并决定任用的涉密人员，应当由组织人事部门填制《涉密人员登记表》，报上级业务部门备案，同时，将涉密人员名单报公安机关出入境管理机构和有关国家安全机关备案。

2. 上岗培训

在涉密岗位工作，不仅需要具备很强的政治素质、业务素质，还要具备很强的保密和相应的保密专业知识技能。任用涉密人员，必须坚持先培训、后上岗原则。涉密人员上岗前的保密教育培训主要包括的内容有：保密形势和敌情教育，保密工作方针、政策和法律法规教育，保密基本知识技能教育，岗位保密职责教育等。

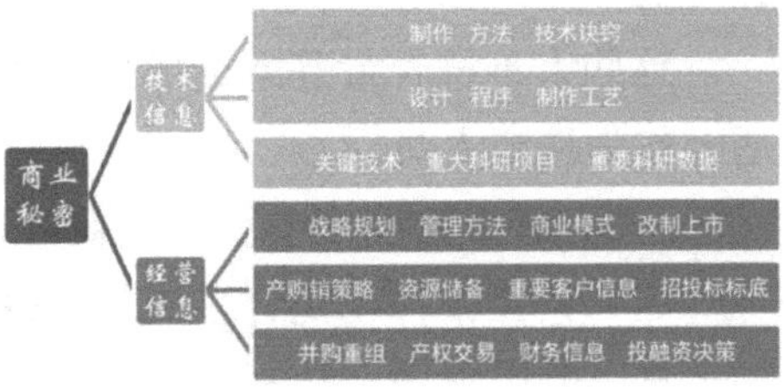

3. 签订保密承诺书

涉密人员上岗前，应当与其签订《保密承诺书》。《保密承诺书》的主要内容包括了解并遵守各项保密制度、知悉并履行保密义务、自愿接受保密审查、承担法律责任等。拒绝签订《保密承诺书》的，不批准进入涉密岗位，例如：

保密承诺书（样本）

（适用在岗人员）

我了解有关保密法规制度，知悉应当承担的保密义务和法律责任。本人庄重承诺：

一、认真遵守国家保密法律、法规和规章制度，履行保密义务；

二、不提供虚假个人信息，自愿接受保密审查；

三、不违规记录、存储、复制国家秘密信息，不违规留存国家秘密载体；

四、不以任何方式泄露所接触和知悉的国家秘密；

五、未经单位审查批准，不擅自发表涉及未公开工作内容的文章、著述；

六、离岗时，自愿接受脱密期管理，签订《保密承诺书》。

违反上述承诺，自愿承担党纪、政纪责任和法律后果。

承诺人签名：

年　月　日

（五）涉密人员职责

（1）对本职岗位保密工作负直接责任；

（2）掌握基本的保密知识、技能和要求；

（3）遵守国家有关保密法律法规和上级机关、公司各项保密规章制度；

（4）自觉接受保密教育和监督检查；

（5）及时报告泄密隐患，制止违法违规行为；

（6）其他应当履行的保密工作职责。

（六）涉密人员权利和义务

1. 涉密人员的合法权益

（1）接受保密教育培训；

（2）享受保密岗位津贴；

（3）申诉控告权利。

2. 涉密人员基本义务

（1）保守国家秘密和企业秘密的义务；

（2）遵守保密规章制度的义务；

（3）接受保密教育义务；

（4）接受监督管理的义务；

（5）发现泄密后采取相应措施的义务；

（6）言论自由、出版自由及通信自由限制；

（7）出境限制；

（8）脱密期内的择业限制。

（七）商业秘密涉密人员上岗管理

参照上述（三）～（六）款执行。

四、保密基础与防范知识

（一）保密基础知识

1. 涉密载体概念

涉密载体是指以文字、数据、符号、图形、图像、声音等方式记载国家秘密信息的纸介质、光介质、电磁介质等各类物品，包括纸介质、电磁介质（电介质和磁介质）、光介质等。

2. 保密要害部门、部位概念

保密要害部门是指日常工作中产生、传递、使用和管理绝密级或较多机密级、秘密级国家秘密的内设机构。

保密要害部位是指内部集中制作、存放、保管涉密载体的专门场所。

3. 信息系统、信息设备和存储设备概念

信息系统、信息设备和存储设备是指日常工作中配备和使用的各类应用系统、服务器、计算机、网络设备、外部设施设备、存储介质、办公自动化设备、声像设备和安全保密产品。

4. 涉密会议、活动概念

涉密会议是指召开的议题、内容或者文件涉及国家秘密的会议。

涉密活动是指单位组织的重大或者较大的涉及国家秘密的活动。

5. 涉外活动保密管理概念

涉外保密管理，是指具有涉外因素的保密管理工作。具体是指我国一切组织、机构和人员在与境外的组织、机构和人员交往过程中，为确保国家秘密安全所采取的法律、制度、技术等管理措施。

（二）保密基本要求

1. 公司保密工作相关管理规定和要求

（1）涉密文件内容、标题、文号严禁摘抄、记录、拍照，严禁公开引用，严禁在公司内外网上公开发布。

（2）涉密文件原则上不允许复制，确因工作需要复制，应履行审批手续。涉密文件严禁汇编成册。

（3）借阅涉密文件，须按文件密级履行审批手续并按期归还。

（4）涉密文件有明确阅知传达范围时，任何人不得随意扩大传阅范围。

（5）阅办涉密文件须到机要室，并履行签字手续。

（6）因工作需要携带涉密文件外出，必须履行审批手续，采取保密措施。外出参加会议带回的文件资料，应当及时交机要室处办理。

（7）因工作需要向有关部门 (单位) 提供涉密文件资料，应履行审批手续。

（8）公开发布信息和对外宣传提供资料，须严格履行信息公开及对外交流保密审查审批手续。

（9）传达涉密文件内容的会议，严禁录音、录像，严禁新闻报道。

（10）公开发表稿件时，凡涉及公司业务工作的或对是否涉密等界限不清的，必须经保密机构审查，履行审批手续。

（11）公司外网邮件系统严禁传递公司企业秘密信息，公司内网邮件系统严禁传递国家秘密信息。

（12）信息外网计算机严禁存储和处理涉及公司企业秘密信息，信息内网计算机严禁存储和处理涉及国家秘密信息。

（13）公司文件资料应采用邮政挂号或邮政特快专递（EMS）方式寄送，严禁通过各类社会快递公司寄送。如涉密，应采用机要交换、邮政机要通道或专人派送的方式处理。

2. 涉密人员行为准则（十不准）

（1）不准将工作中知悉的国家秘密泄露给无关人员；

（2）不准将涉密计算机或涉密存储介质接入互联网；

（3）不准用非涉密计算机和传真机处理传输国家秘密；

（4）不准用非保密移动电话和普通电话谈论国家秘密；

（5）不准携带秘密载体回家或在家中处理国家秘密；

（6）不准携带涉密载体探亲访友或至与工作无关场所；

（7）不准在个人著述或公开的信息中涉及国家秘密；

（8）不准私自复制、留存和遗弃或向他人出借国家秘密；

（9）不准私自将国家秘密带出国境或参加涉外活动；

（10）不准擅自接受媒体采访或私自与境外交往。

（三）保密防范知识

1. 内外网计算机、办公设备及安全移动存储介质使用管理要求

（1）内外网计算机必须设置8位以上数字、字符、大小写字母（四选三）组合开机密码，必须安装防病毒、保密自动检测工具等安全防护软件。对个人使用的内外网计算机，要通过公司保密自动检测系统定期进行检查，发现敏感信息应及时处理。

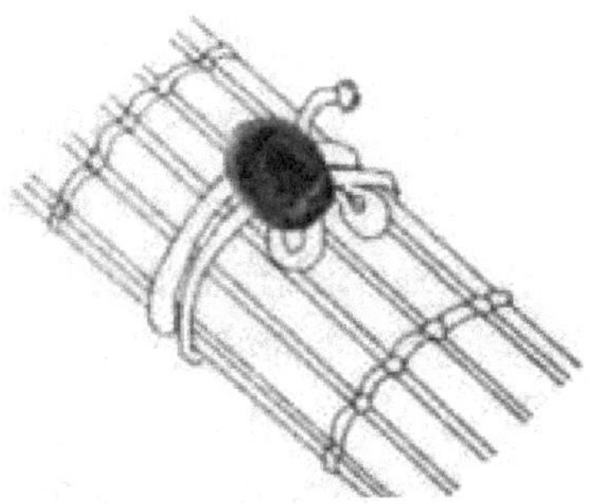

（2）内网计算机可存储、处理企业秘密，不能存储、处理国家秘密，只能使用经过公司认证的安全移动存储介质；禁止连接无线鼠标、键盘、随身Wi-Fi等无线设备以及手机、相机、普通移动存储介质。

（3）内网计算机、安全移动存储介质、具备数据存储功能的打印机、扫描仪、传真机、复印机、多功能一体机等办公自动化设备以及硒鼓等耗材，在送外维修、出售、赠送、丢弃之前，应当提交保密办公室审核后处理。

相关案例：“未洗净”的复印机。

据国外媒体报道，在美国新泽西一间仓库中，有6000多个废弃的多功能一体机（复印机），打开复印机后盖，就会发现一块硬盘，同电脑硬盘具有相同的功能。2002年之后生产的复合机（复印机）都有这样一块硬盘。千万别小看这块体积不大的硬盘，它的存储记忆功能相当强大，能储存任何经它复印、扫描、发送过的

所有图像。美国一家电视台的记者花300美元买了三台二手多功能一体机（复印机），技术人员把第一台复印机的硬盘接在电脑上，用一个免费的软件就下载了四万多页的复印件；在第二台复印机的硬盘里他们找到了很多医疗记录以及95页的个人工资记；第三台复印机硬盘里有很多保险公司承保人的信息。

（4）外网计算机禁止存储、处理任何涉密信息。

（5）禁止计算机、打印机、复印机、扫描仪、传真机、多功能一体机等设备在内外网之间交叉使用。

（6）安全移动存储介质的交换区和保密区均不得使用初始密码；涉及企业的秘密内容及公司重要经营、管理信息和核心数据必须存储在保密区；安全移动存储介质不得传递涉及国家秘密信息。

2. 内外网邮箱、社会互联网、移动终端使用管理

（1）在公司办公环境内，应当使用信息内网邮件系统发送邮件。可以通过信息内网邮件系统发送的电子邮件，禁止通过信息外网邮件系统及互联网邮箱发送邮件。

（2）严禁通过公司信息内网邮箱发送涉及国家秘密的文件资料。

（3）严禁通过公司信息外网邮箱发送涉及国家秘密、企业秘密以及公司重要工作内容、重要数据和敏感信息的文件资料。

（4）严禁通过社会互联网邮箱、论坛、博客、即时通信工具（例如QQ、微信等）、微博、社交平台等媒体，发布、存储、发送涉及国家秘密和企业秘密的文件资料以及与公司经营、管理、业务、技术有关的工作信息和数据等。

案例：某公司组织集体学习某会议精神，工作人员王某在阅读、学习过程中，接到同事周某发来的聊天微信。闲聊中，周某无意中问起王某在干什么，王某答复在阅读会议重要文件。周某一下子被勾起了兴趣，他本来就比较关注文件涉及的某部分内容，就问王某，能否讲讲文件中关于某部分内容是怎么阐述的。王某虽然意识到这份文件是需要保密的，但他想到自己和周某是同事关系，周某应该不会把涉密文件传出去，便将该文件拍照通过个人微信发给了周某。周某看到文件后，感到文件内容很有用，随即将其中的部分照片在自己的微信群中进行了分享，经层层转发，致使该信息在较大范围内传播扩散，产生不良影响。事件发生后，王某、周某受到撤职处分，并调离工作岗位。

（5）严禁使用移动终端（如手机、平板电脑等设备）存储、处理、发送国家秘密、企业秘密以及公司重要工作内容、重要数据和敏感信息。不得在移动通信终端（如手机、平板电脑等）通话中谈论涉密事项。

相关知识：

① 2014 年 7 月，知名 iOS 黑客乔纳森•扎德尔斯基（JonathanZdziarski）披露 iOS 存在若干后门，在特定的情况下可以获取到用户信息。苹果公司间接承认了这一点，表示 iPhone 与 iPad 等产品预装的 iOS 操作系统存在若干之前并未泄露的“诊断功能”，同时公布了这三个后门的相关信息。

②棱镜门上演现实版的“窃听风云”

美国的“棱镜”监控计划曝光后，引来一片哗然。每一次通话，在摄像头下的每一个动作，在网络上留下的每一个脚印，都有人在搜集、储存、分析，我们的信息正和世界各地的个人资料一起，被输入美国国家安全局庞大的硬件设备里，可以被保存几十年。美国前中情局（CIA）职员爱德华•斯诺登通过英美两国媒体，曝光美国国安局和联邦调查局正在开展一个代号为“棱镜”的秘密项目，美政府可直接从包括微软、谷歌、雅虎、Facebook、 PalTalk、A0L、Skype、YouTube 以及苹果在内的九家公司服务器收集信息，包括智能手机和互联网活动的详细记录。

五、奖惩措施

为增强公司全体员工的保密意识，推动保密制度的落实和保密技术、措施的改进，杜绝违规行为，防止失泄密事件的发生，公司实行保密工作奖惩机制，对保密工作成绩显著的单位和个人给予奖励，对违反国家保密法律法规和公司保密规章制度的行为进行处罚。具体按公司保密工作奖惩办法等规定执行。

第六章 涉密人员在岗保密知识

一、涉密人员在岗管理知识

涉密人员在岗管理，是指按照保密法律法规和有关管理规定的要求，对在岗涉密人员开展日常化、经常化的保密管理，主要包括在岗教育培训、严控知悉范围、涉密岗位调整、出国（境）限制、从业限制、重大事项报告、人员复审和监督考核等内容。

（一）在岗教育培训

涉密人员在岗期间应当经常性地开展有关保密形势、保密法律法规和保密知识技能 的培训，使涉密人员切实增强保密意识，养成保密习惯，提高保密技能，更加自觉地做好保密工作。

（二）严控知悉范围

1. 工作需要原则

严格按照工作需要原则，确定涉密文件资料阅读、使用人员范围，不把阅读涉密文件作为政治待遇。

2. 最小化原则

知悉范围能够限定到人的，限定到具体人员，不能限定到具体人员的，限定到部门，由部门限定到具体人员。

（三）涉密岗位调整

1. 主动调整

主动调整是指涉密人员调离或调整涉密岗位工作的的情况。

2. 被动调整

发现涉密人员有下列情形之一的，应当及时将其调离涉密岗位终止其涉密人员资格：丧失或者部分丧失民事行为能力；患有影响其从事涉密岗位工作的重大疾病；有犯罪行为或受记大过以上纪律处分；有严重违反保密法律法规的行为；本人在提供涉密资格审查资料时弄虚作假；因个人原因较长时间不在涉密岗位工作；其他应当终止涉密人员资格的情形。

3. 办理清退、移交手续

涉密人员调离或调整涉密岗位的，应当按照有关规定，办理所保管涉密载体的清退、移交手续。

（四）出国（境）限制

1. 总体要求

涉密人员出国（境）将对国家安全造成危害或者对国家利益造成重大损害的，不得批准出国（境）。

2. 审批权限

《××××公司关于进一步加强涉密人员管理的通知》第二条第（三）款规定：“涉密人员出国（境），需经党委组织部、财务部、审计部、监察部、办公室审批。”

3. 行前管理

护照证件统一管理，行前进行保密教育培训并签订《保密承诺书》。

《××××公司关于进一步加强涉密人员管理的通知》第二条第（三）款规定：“涉密人员出国（境）前，须到公司保密办进行保密教育，出国（境）期间，应严格遵守国家保密法律法规和公司各项保密规定。涉密人员擅自出国（境）的，所在单位应当立即向公司保密委员会报告。”

涉密人员出国（境）期间要做到：不该说的不说，不该问的不问，不该提供的信息不提供，不该知悉的秘密不知悉。一是在国（境）外不要随意谈论国家秘密和内部情况，也不要议论所在国和第三国的敏感问题。二是商议会谈对策、涉密事项及内部事项，应在不会泄密的地方进行。会谈或谈判时，不要把涉密文件或内部资料带入会谈场所，必须携带的，会谈时也不要摆放在桌面上。三是密电和涉密文件必须在我国驻外使领馆保密室草拟，不得在住地房间内起草、阅读涉密文件或内部资料。四是在私人通信中不得涉及国家秘密，不得谈论内部情况。不得使用手机、普通长途电话谈论涉密事项，不得使用境外人员的办公设备处理涉密信息。五是向国内邮寄涉密载体，要通过我外交信使传递。传输涉密文件、资料时，要通过我驻外使领馆或其他驻外政府机构办理。不得使用普通邮寄、电报、电传、电子邮件等方式传递国家秘密，不得托人携带或在回国人员托运行李中挟带涉密载体。六是销毁涉密载体时，要保障彻底销毁，不可复原，不得随意丢弃记录有涉密信息和敏感事项的废纸。七是遇到突发情况时，要巧妙应对并及时报告我驻外使领馆。

涉密人员出国（境）期间携带涉密载体的，应当始终处于安全保密环境之内，不能携带涉密载体进入国（境）外机构。必须携带的，要采取严格保密措施，由专门人员负责保管。

涉密人员出国（境）期间如遇到国（境）外人员询问涉密问题和敏感性问题时，要保持高度的警惕性，掌握好尺度，分清哪些能讲哪些不能讲，事先要有准备，不能擅自表态。确有需要回答的，应事先向带队的负责人请示。

涉密人员出国（境）期间对外提供资料只能是组织行为，任何个人不得对外提供涉密资料，确需提供资料的，必须事先进行保密审查，报请有批准权的机关批准，并进行脱密技术处理。确需提供涉密资料的，应与对方签订保密协议，要求其承担保密义务。

4. 回国后管理

回国后一周内交还护照证件，并进行回访。

行前保密教育和回访谈话要保证两人以上，并认真做好谈话记录。

（五）从业限制

涉密人员严禁私自到境外机构、组织或者外商独资企业工作，严禁私自为境外机构、组织或者人员提供劳务、咨询或者其他服务。涉密人员所在部门发现有上述行为，必须予以制止，并上报保密委员会取消其涉密资格。

（六）重大事项报告

涉密人员对下列事项应当及时报告：

（1）发生泄密或者造成重大泄密隐患的；

（2）发现敌对势力和境外情报机构针对本人渗透、策反行为的；

（3）接受境外机构、组织及非亲属人员资助的；

（4）与境外人员结婚的；

（5）配偶、子女获得境外永久居留资格或者取得外国国籍的；

（6）其他可能影响国家秘密安全的个人情况。

（七）人员复审

根据国家法律法规相关规定，涉密人员在岗期间，应当定期接受涉密资格复审。

核心涉密人员每年复审一次，重要涉密人员每三年复审一次，一般涉密人员每五年复审一次。

复审中发现涉密人员个人情况发生重大变化，如本人或配偶国籍变化，接受国（境）外机构、组织、人员资助等，提供虚假资料、故意隐瞒事实等，不适宜继续在涉密岗位工作的涉密人员，应当立刻终止其涉密资格，及时调离涉密岗位，并采取相应措施消除泄密隐患。

（八）监督考核

应当对涉密人员履行职责情况开展经常性的监督检查。

涉密人员所在部门、组织人事部门和保密办公室要加强对涉密人员的监督管理，定期进行保密提醒谈话，了解掌握其现实表现和思想状况。

保密办公室要在年度考核前专门与组织人事部门沟通，在下发的通知中对遵守保密纪律情况考核予以明确。在进行年度考核时，应当要求涉密人员在撰写述职报告、填写年度考核表时明确遵守保密纪律的相关内容；在考察干部时，要对遵守保密纪律情况进行考察。

涉密人员在履行职责过程中，应当自觉接受监督检查，发现问题应当立即采取补救措施并及时报告。

对涉密人员违反保密纪律的，将依法依纪追究责任。

二、保密责任

（一）涉密人员责任

（1）对本职岗位保密工作负直接责任；

（2）掌握基本的保密知识、技能和要求；

（3）遵守国家有关保密法律法规和上级机关、公司各项保密规章制度；

（4）自觉接受保密教育和监督检查；

（5）及时报告泄密隐患，制止违法违规行为；

（6）其他应当履行的保密工作职责。

（二）员工保密责任

（1）严格遵守国家保密法律法规和公司保密规章制度，确保国家秘密、公司企业秘密安全。

（2）自觉履行依法保守国家秘密、保护公司企业秘密的义务，严格遵守保密纪律，不该说的不说，不该问的不问，不该看的不看，不该记录的不记录。

（3）主动接受保密教育培训，掌握保密知识技能，签订《保密承诺书》并践行承诺，自觉接受监督检查和考核。

（4）确保涉密载体安全，不在没有安全防护措施的场所存放涉密载体；不擅自携带涉密载体外出；不私自复制、保存、销毁涉密载体。

（5）严格遵守公司安全移动存储介质管理要求，不得用于存储和传递涉及国家秘密的信息。

（6）严格控制涉密事项知悉范围，不在非保密场所阅办、谈论涉密事项；不通过没有保密措施的通讯、通信方式传播涉密事项；不擅自公开、发布、提供涉密事项或以任何形式扩大涉密事项知悉范围。

（7）工作中严格遵守国家秘密“涉密不上网，上网不涉密”的原则要求。国家秘密不得在信息内网、信息外网和互联网上存储、处理、传递。涉密办公设备不得接入公司信息内网、信息外网和互联网。

（8）严格遵守公司信息外网使用规范要求，不在信息外网和互联网上存储、处理、传递企业秘密；不通过社会邮箱发送涉及工作事项的邮件。

（9）熟悉保密应急程序，发生失泄密事件时，立即采取补救措施，及时报告，不得隐瞒；发现失泄密事件或风险隐患时，要采取措施予以制止并及时报告。

（10）离岗、离职后，对知悉的国家秘密、企业秘密仍然负有保密义务，要严格遵守脱密期管理规定，及时清退个人持有和使用的涉密载体和信息设备，并办理移交手续。

三、保密常识与防范措施

（一）保密常识

1. 保密事项范围

（1）国家秘密保密事项

①《中华人民共和国保守国家秘密法》第九条规定的七项内容。

②《×××× 公司涉密事项目录》规定的内容。

③公司规定的国家秘密事项范围。

④上级机关或合同甲方下达的有关涉密项目的《合同书》《协议书》等文件中确定的涉密事项。

⑤国家部委或其他行业国家秘密事项，且从其密级。

（2）商业秘密保密事项

核心商业秘密范围（《×××× 公司保护商业秘密规定》第十六条规定）：

①公司电网中长期规划等发展战略及其规划事项。

②公司资产重组、并购、资产处置及其他相关内容，资本运作的有关计划、方案和资料等公司重大决策事项。

③公司投融资项目的前期工作研究报告、后评估报告、公司融资计划方案。

④不能依据《中华人民共和国专利法》及《中华人民共和国著作权法》等法律法规进行保护的公司重大科技成果的关键技术资料。

⑤计算机网络与信息系统的安全评估与安全漏洞分析报告。

⑥其他需要作为商业秘密保护的特别重要的事项。

普通商业秘密范围（《×××× 公司保护商业秘密规定》第十七条规定）：

①尚未公布的公司年度会计决算及财务预算报告，财务稽核及绩效评价报告，公司产权登记资料及结构分析报告，电价和税收资料。

②尚未公布的电力销售情况，经营活动分析、发供电市场结构分析的报告及资料。

③下达各直管单位的劳动工资计划，企业薪酬调整方案。

④与境内外公司签订的重要商务协议或合同、商务谈判过程的有关资料。

⑤拥有自主知识产权的计算机软件源码程序及详细设计文档。

⑥其他需要作为商业秘密保护的重要事项。

2. 涉密载体管理

涉密人员外出参加会议带回的文件资料，应及时联系本单位办公室登记并按规定进行办理。对外提供涉密载体应当履行以下程序：

（1） 对外提供涉密载体的审批

①提供公司档案部门归档的涉密载体，经办部门应按要求同时填报《×××× 公司档案利用审批单》和《×××× 公司对外提供涉密载体审批表》。

②提供未归档的涉密载体，经办部门应按要求填报《×××× 公司对外提供涉密载体审批表》。

（2）对外提供涉密载体的交接

对外提供涉密载体经相关部门和领导审批同意后，经办部门填写《×××× 公司对外提供涉密载体交接单》，交接单一式两份，载体提供部门、接收单位各持一份，按要求填写完毕后方可对外提供涉密载体。

（3）对外提供涉密载体的归还

①档案部门归档的涉密载体使用完毕后，经办部门按要求将涉密载体归还公司档案部门，同时将本部门持有的《×××× 公司对外提供涉密载体交接单》（须填写“实际归还时间及接收人”，下同）交公司保密办备案；

②未归档的涉密载体使用完毕后，对于国家秘密载体，原件由经办部门妥善保管，复制件、打印件等交公司保密办统一登记销毁；对于企业秘密载体，由经办部门按有关规定处理。涉密载体归还后，经办部门将持有的《×××× 公司对外提供涉密载体交接单》交公司保密办备案。

3. 保密要害部门、部位管理

（1）进入保密要害部门、部位严格履行审批登记程序；

（2）未经批准，严禁将具有无线通信功能的设备和具备拍摄、录音等功能的电子设备带入保密要害部门、部位。严禁将手机带入保密要害部门、部位。

4. 新闻宣传管理

新闻发布、编辑出版、参观学习、影视广播、音像制作、展览展示、论文著作、电子邮件、互联网站、博客、微博、微信及其他媒体和公司内部 OA 网信息发布要严格履行保密审查审批程序。

涉密人员不得在公开发表的文章、著作中涉及国家秘密、企业秘密以及公司重要工作内容、重要数据和敏感信息。撰写专业论文或论著，须履行涉密审查手续，按要求填写《工作人员学术论文发表保密审查表》并报本单位保密办备案。

5. 涉密会议管理

（1）参加涉密会议严禁带入手机等移动通信工具。

（2）未经批准不得将具备拍摄、录音功能的设备带入会议场所。

（3）会议使用的涉密资料会后要及时归还，严禁私自留存。

6. 涉外活动管理

（1）参加对外交流、合作、谈判或接待境外人员来访应当履行审查审批程序，制订保密方案。

（2）接待境外人员来访，应当对来访人员进行身份确认，明确活动区域，采取必要的安全保密防范措施。

（3）对外交流内容、谈判口径、提供资料和产品应当经过保密审查。

（二）防范措施

1. 涉密计算机配置须知

（1）原则上应选购国产设备，如确需选购进口计算机及设备，要选购经国家有关主管部门检测认可、批准的计算机及设备。

（2）购买时要随时选购，不要事先预定；一旦选定要当即购买并提货，以防被人设置、安装窃密装置。

（3）不要选购带有无线网卡和具有无线互联功能的计算机，如果已经购买并准备用于处理涉密信息的，使用前必须拆除具有无线互联功能的硬件模块。

（4）计算机在使用前要由有关部门进行专门的安全保密技术检测，确认不存在泄密风险和安全隐患后再用于处理涉密信息。

2. 涉密计算机口令设置须知

（1）处理秘密级或普通商秘信息的计算机，口令长度不少于八位，更换周期不超过一个月，设置口令时，可采用多种字符和数字混合编制。

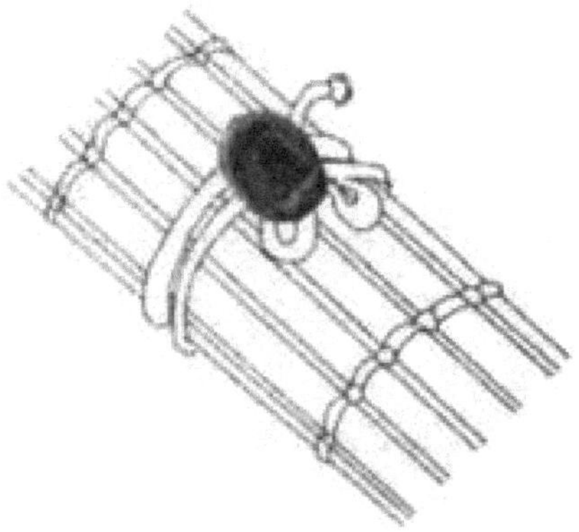

（2）处理机密级或核心商秘信息的计算机，应采用IC卡或USB Key与口令相结合的方式，且口令长度不少于四位；如仅用口令方式，长度不少于十位，更换周期不超过一周；设置口令时，要采用多种字符和数字混合编制。

3. 涉密计算机标识须知

（1）涉密计算机应当在明显位置粘贴专用标签，并标明密级、使用人、启用时间、本机序列号等相关要素，以便于保密管理。

（2）涉密计算机应当按照所存储、处理信息的最高密级标注密级标志。

（3）应当建立健全涉密计算机使用保密管理档案，实行动态管理。

（4）涉密计算机应当专机专用，不得处理与工作无关的事务。

4. 涉密计算机技术防护须知

（1）涉密计算机应当采取符合国家保密标准的身份鉴别、访问授权、违规外联监控、移动存储介质使用管控等安全保密措施。

（2）涉密计算机病毒防护产品应当选用公安机关批准的国产产品，并及时更新升级。

（3）涉密计算机所在场所应采取相关的电磁泄漏发射防护措施。

（4）涉密计算机中的数据加密设备和加密措施必须是经国家密码管理局批准的加密设备和加密措施。

（5）涉密计算机不得使用无线网卡、无线鼠标、无线键盘等具有无线互联功能的设备。

（6）个人不得擅自卸载、安装、修改涉密计算机安全保密防护软件和设备。

5. 涉密计算机维修和销毁须知

（1）涉密计算机及相关设备维修，应当在单位内部现场进行，并指定专人全程监督，严禁维修人员读取和复制涉密信息；确需送外维修的，应当拆除涉密信息存储部件。

（2）涉密计算机及相关设备不再用于处理涉密信息或报废时，应当将涉密信息存储部件拆除或及时销毁；涉密信息存储部件的销毁必须按照涉密载体销毁保密管理要求进行。

（3）不得将未经保密安全技术处理并退出使用的涉密计算机赠送、出售、丢弃或改作其他用途。

6. 涉密移动存储介质保密管理须知

（1）涉密移动存储介质实行统一采购、登记、标识、配备。应当建立健全涉密移动存储介质使用保密管理档案，进行动态管理。

（2）购买涉密移动存储介质，不得公开招标，应当按照涉密采购的规定办理，在国家主管部门批准的范围内，采取邀标、竞争性谈判、单一来源采购和询价等方式进行。

（3）涉密移动存储介质不得在非涉密信息系统中使用；不得在涉密信息系统和非涉密信息系统间交叉使用。

（4）严禁使用涉密移动存储介质从互联网或非涉密计算机向涉密信息系统复制数据。

（5）涉密移动存储介质的维修、报废和销毁应参照涉密计算机相关保密管理规定。

7. 涉密信息系统使用保密管理要求须知

（1）系统使用人员应当接受涉密网络保密知识和技能培训。

（2）系统使用人员、管理人员签订《保密承诺书》。

（3）统一采购、登记、标识、配备信息设备，严格使用、维修、报废等环节的保密管理。

（4）依据岗位职责和涉密程度，按照最高密级防护和最小授权管理原则，控制国家秘密信息的知悉范围。

（5）严格规范文件打印、存储介质使用等行为，严格信息输出、管控。

（6）定期对用户登录、访问、下载等操作的审计日志进行综合分析，及时发现违规或异常行为，并采取相应处置措施。

（7）将互联网及其他公共信息网络上的数据复制到涉密网络，应采取病毒查杀、单向导入等防护措施。

（8）指定系统管理员、安全保密管理员、安全审计员，分别负责系统运行维护、安全保密管理和安全审计工作，并实行持证上岗。

（9）配合保密行政管理部门对涉密网络所涉及的场所、环境进行异常电磁信号检测，并采取相应的防护措施。

（10）涉密信息系统建设和运行维护采用外包服务的，应当选择具有相应涉密信息系统集成资质的单位，签订保密协议，严格保密管理措施。

8. 非涉密网络保密管理须知

（1）互联网等公共信息网络必须与涉密网络实行物理隔离。

（2）坚持源头控制，确保“上非涉密网络的信息不涉密”和“涉密信息不上非涉密网络”。

（3）建立互联网接入审批和登记制度，严格控制互联网接入数量和接入终端数量。

（4）建立健全信息发布审批制度，指定专门机构和人员负责拟发布信息的保密审查，并建立审查记录档案；保密审查应坚持一事一审、全面审查，确保公开发布的信息不涉及国家秘密，并综合分析信息关联性，防止因数据汇聚涉及国家秘密。

（5）指定机构和人员负责本单位门户网站的信息发布、留言评论、博客信息等的保密管理，发现涉及国家秘密的信息，应当立即删除，并向同级保密行政管理部门报告。

（6）严禁通过互联网等公共信息网络办理涉密业务或者存储、处理、传递国家秘密。

9. 普通手机使用保密管理须知

（1）不得在手机通信中涉及国家秘密。

（2）不得在手机上存储、处理、传输国家秘密信息。

（3）不得将手机连接涉密信息系统、信息设备或者载体。

（4）不得在手机上存储核心涉密信息人员的工作单位、职务、红机电话号码等敏感信息。

（5）不得在涉密公务活动中开启和使用手机位置服务功能。

（6）在申请手机号码、注册手机邮箱或者开通其他功能时，不得填写禁止公开的涉密单位名称和地址信息等。

（7）不得使用未经国家电信管理部门进网许可的手机。

（8）不得使用境外机构、境外人员赠送的手机。

（9）不得将手机带入保密要害部位、涉密会议和活动场所。

（10）不得在保密要害部门使用手机。

（11）不得在使用涉密信息设备的场所使用手机进行视频通话、拍照、上网、录音和录像。

（12）不得使用商用加密手机谈论以及存储、处理、传输国家秘密信息。

10. 普通电话、传真使用保密管理须知

（1）明码、明语通信严禁涉及保密事项。

（2）向国外或港澳台地区拨打电话、拍明码电报、发传真，不得涉及国家秘密。

（3）严禁使用明码、明语电话、电报或文件的形式回复、传递、传真或互相转发涉密电报的内容。

11. 保密电话、传真使用保密管理须知

（1）保密电话、传真使用应严格遵守保密管理规定，并制定详细管理办法，指定专人负责。

（2）保密电话机应符合国家保密标准并具有国家保密行政管理部门颁发的进网许可证。

（3）严禁使用无绳电话机。

（4）保密电话、传真安装应符合保密要害部门、部位的保密要求，加装防盗报警装置，严禁无关人员进入。

（5）保密电话、传真主要用于涉及国家秘密、敏感事项通话和文字、图片传输，无关人员不得擅自使用。

（6）保密电话、传真一旦安装，不得随意改变安装位置。

（7）传真涉密信息，必须使用国家密码管理部门批准使用的保密传真机。

（8）经保密传真机收发的文件要认真履行登记、签收手续，与相同密级文件一起管理、归档，不需要归档的密传文件，按年度清理，经单位领导批准后统一交涉密载体销毁机构销毁。

（9）保密传真机发生故障或出现异常现象，要送研制单位或当地党政密码维修机构维修，操作使用人员不得擅自拆卸机器。

（10）保密传真机密钥由国家保密局统一制发，严禁自行复制；密钥必须存放在专用保险柜内，指定专门人员负责管理和交换；用过和作废的密钥，应及时报请领导登记销毁。

12. 录音、录像设备使用保密管理须知

（1）未经批准，涉密会议不准录音、录像。

（2）涉密会议的录音、录像载体，应按相应密级的文件、资料管理。

（3）严禁在涉密场所连接互联网的信息设备上配备、安装和使用摄像头等视频、音频输入设备。

13. 复印机使用保密管理须知

（1）复印机应当明密分开，非涉密复印机不得复印涉密文件、资料。

（2）涉密复印机应置于符合保密要求的场所，指定专人管理，不得与互联网等公共信息网络相连接。

（3）启用涉密复印机前，应当进行保密技术检测。

（4）复印国家秘密文件、资料，应建立严格的审批登记手续并在机要室或指

定的涉密复印机上复印；机密级、秘密级文件、资料的复印，单位主管领导要严格控制数量，并将复制件视同原件管理。

（5）复印涉密文件、资料等，须即送即印，履行签收手续。

（6）复印涉密文件、资料过程中产生的不合格和多余件必须及时销毁。

（7）处理涉密信息的复印机应当在单位内部进行维修，并有专人现场监督，严禁维修人员擅自读取或拷贝存储信息。

（8）涉密复印机确需外送维修的，应当拆除信息存储部件（硬盘）或进行专业销密。

（9）涉密复印机存储部件出现故障如不能保证安全保密的，应按照涉密载体销毁要求予以销毁。

14. 打印机、扫描仪使用保密管理须知

（1）非涉密打印机、扫描仪不得打印、扫描涉密文件、资料。

（2）涉密打印机、扫描仪不得与互联网等公共信息网络连接；不得与涉密计算机之间采用无线连接方式。

（3）涉密打印机、扫描仪硬件维修须消除硬盘数据并送具有保密资质的维修店维修。

（4）涉密文件、资料的扫描，应按保密管理规定履行相应审批程序。

（5）使用涉密打印机、扫描仪打印、扫描涉密文件、资料，应做好打印、扫描登记，打印、扫描输出的涉密文件、资料，应按照相应密级进行管理，废页应及时销毁。

15. 多功能一体机保密管理须知

（1）非涉密多功能一体机不得处理、传输涉密信息。

（2）非涉密的功能一体机不得连接涉密计算机及接入涉密信息系统。

（3）涉密多功能一体机不得与公共通信网络连接，或与其他非涉密计算机共享。

（4）处理涉密多功能一体机报废的硒鼓等耗材配件时，应按照有关保密规定视同涉密存储介质进行销毁。

16. 碎纸机等办公设备保密管理须知

（1）碎纸机应尽可能使用合格的国产产品，如选用国外产品，投入使用前应进行安全保密检测。

（2）保密要害部门、部位使用的涉密碎纸机等办公设备，在使用前应进行安全保密检测。

（3）个人碎纸机不得用于销毁国家秘密文件、资料。

（4）淘汰、报废涉密办公自动化设备应进行清点登记，经机关、单位主管领导批准后，按有关保密规定进行销毁。

第七章 保密离岗管理法律法规与规章制度

一、涉密人员离岗、离职管理知识

涉密人员离岗，指离开涉密岗位，仍在本机关、本单位工作的情形。涉密人员离职，指辞职、辞退、解聘、调离、退休等离开本机关、本单位的情形。

（一）离岗、离职前管理

1. 清退物品及权限

（1）涉密人员离岗、离职时，应清退个人所持有和使用的国家秘密载体和涉密信息设备，如文件资料、U盘、光盘、涉密信息设备等纸介质、光介质和电磁介质涉密载体。移交时，机关、单位必须认真清点，登记在册，办理移交手续，并作为离岗、离职手续的条件。

（2）根据涉密设备移交情况，收回原涉密人员的系统访问权限，封存或禁用其系统账号，或者关闭原设备接入端口，必要时可进行技术审计。

（3）及时收回涉密人员出入涉密场所或保密要害部门、部位的出入权限。如，注销门禁账号口令、变更门禁卡权限等。

2. 确定脱密期期限

涉密人员脱密期：核心涉密人员三年；重要涉密人员二年；一般涉密人员一年。法律法规或国家有关主管部门有特殊规定的按规定办理。

3. 保密承诺、告知和提醒

（1）保密承诺书

涉密人员离岗离职前，应当与公司签订《涉密人员离岗离职保密承诺书》，明确涉密人员离岗、离职后应当履行的保密义务以及违反承诺应承担的法律责任。

（2）保密告知书

涉密人员办理离岗、离职前，组织人事部门应当填写《涉密人员脱密期管理要求告知书》，归入涉密人员人事档案。

（3）保密提醒

涉密人员离岗离职前，组织人事部门应当会同保密办公室对脱密人员进行保密提醒谈话，填写《离岗离职涉密人员保密提醒谈话记录表》，谈话内容主要包括：明确被谈话人的脱密期限和起止时间；告知负责脱密期管理的具体单位；告知不得违反规定出国（境），不为境外（驻华）机构、组织、人员及外商独资企业工作或提供劳务、咨询等其他服务；重申在脱密期内有关管理要求；明确在脱密期内的重大事项报告程序，如被谈话人在脱密期内，遭遇境外（驻华）组织、机构或个人利诱、胁迫、渗透、策反，本人及时向组织报告的有关程序。

（4）档案脱密

组织人事部门应当采取替换证明文件、部分涂改或删除不重要文件等方法，组织对离岗、离职人员档案进行脱密处理。

（二）脱密期管理

1. 管理模式

（1）轮岗人员和离退休人员

涉密人员调整到公司非涉密岗位工作的，或在公司离退休的，脱密期管理由公司负责。

（2）交流调动人员

涉密人员在党政机关、人民团体、国有和国有控股企业（含国有和国有控股金融企业）、事业单位之间的交流调动，不受脱密期的影响。

涉密人员在党政机关、人民团体、国有和国有控股企业（含国有和国有控股金融企业）、事业单位的，组织人事部门应当在办理干部交流或涉密人员调动手续的同时，出具《脱密期委托管理书》，委托调入机关、单位负责脱密期管理。

《脱密期委托管理书》主要包括调出的涉密人员基本信息、原涉密等级、脱密期限和起止时间、出国（境）证件、户籍地和社保关系等情况，一般内容不应当涉及国家秘密。

（3）借调、挂职人员

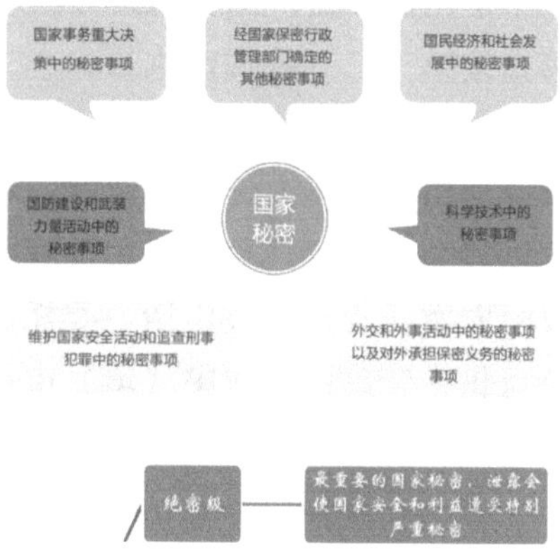

借调、挂职涉密人员拟调动到公司涉密岗位的，应当按照涉密人员确定和审查程序履行相关手续，并在借调、挂职期间对其进行涉密人员日常监管。

调动到非涉密岗位的，借调、挂职人员实行脱密期管理。组织人事部门应当向用人单位发出《脱密期委托管理书》。借调、挂职人员应当在报到前，履行离岗离职批准程序，签订保密承诺书并清退涉密载体。

（4）其他人员

经协商同意，拟离职涉密人员可以在公司非涉密岗位履行脱密期。

①涉密人员离职去向明确的

组织人事部门办理涉密人员离职手续时，社保关系已转出的，将《脱密期委托管理书》发往社保关系所在地市级保密行政管理部门，与保密行政管理部门一起委托其协调当地人力资源社会保障部门、户籍所在地和常住地市级公安机关共同负责脱密期管理；社保关系未转出或社保关系不明确的，将《脱密期委托管理书》发往涉密人员常住地市级保密行政管理部门，与保密行政管理部门一起委托其协调当地人力资源社会保障部门、公安机关共同负责脱密期管理。

②涉密人员离职去向不明的

涉密人员私自脱岗或失去联系，无法明确去向的，或者故意隐瞒择业、从业情况的，组织人事部门应当及时报告上级主管部门和公司所在地市级保密行政管理部门，由其共同协调机关、单位所在地、户籍所在地和常住地的人力资源社会保障部门、公安机关，了解涉密人员去向，落实脱密期管理要求。必要时，公司可以向所在地公安机关、国家安全机关报告。

2. 从业限制

脱密期内的涉密人员，不得到境外（驻华）机构、组织及外商独资企业工作，不得为境外（驻华）机构、组织、人员及外商独资企业提供劳务、咨询或者其他服务。

发现涉密人员脱密期内有违反规定从业情形的，应当及时报告保密行政管理部门、人力资源社会保障部门和公安机关，各职能管理部门视情形进行有关管理。

3. 出国（境）管理

涉密人员在脱密期内，未经批准不得出国（境）。在公司履行脱密期的涉密人员申请出国（境）程序，遵照《×××× 公司关于进一步加强涉密人员管理的通知》第二条第（三）款规定执行。

脱密期委托管理的，公司组织人事部门应在《脱密期委托管理书》明确涉密人员办理出国（境）证件的情况。明确委托管理机关、单位的，因私出国（境）证件可以移交委托管理单位集中保管，涉密人员脱密期内出国（境）按照干部人事管理权限向委托管理单位申请。委托属地管理的涉密人员出国（境）证件不移交，仍由公司集中管理的，出国（境）审批由公司和委托属地管理的保密行政管理部门共同负责。脱密期结束后，集中管理的出国（境）证件归还本人。

在公司期间未办理出国（境）证件的，也应当在《脱密期委托管理书》中注明。涉密人员在脱密期内首次办理出国（境）证件的，涉密人员脱密期管理单位还应当告知或征求公司意见。

脱密期内涉密人员在借调、挂职期间因公、因私出国（境）的，一律按照干部人事管理权限和外事管理权限进行审批。因公出国（境）由用人单位按照外事管理程序和干部管理权限负责审批。现机关、单位进行出国（境）审批时，应征求原机关、单位意见。脱密期内委托机关、单位管理的，涉密人员出国（境）证件可以由现机关、单位集中保管，也可由原机关、单位代为保管。

4. 重大事项报告

涉密人员在脱密期内，本人情况发生重大变化的，或者遭遇利诱、胁迫、渗透和策反的，按照“涉密人员重大事项报告”有关要求，向负责脱密期管理的机关、单位及时报告。

负责脱密期管理的机关、单位，发现涉密人员在脱密期内有需要报告的重大事项的，应当及时采取措施，并按有关要求报告上级主管部门、公安机关、国家安全机关、保密行政管理部门等。

公司发现脱密期内涉密人员有重大违反脱密期管理规定的情形，应及时向所在地公安机关和保密行政管理部门报告。必要时，可协调原单位共同或分别报告。有上级主管单位的，还应向上级主管单位保密工作机构报告。

5. 回访

脱密期管理单位或委托管理单位可以在脱密期内对涉密人员进行必要的回访。委托属地管理的，原单位可以对其回访或委托属地保密行政管理部门走访。

6. 监管

涉密人员脱密期执行情况的监督管理，由公司负责。涉密人员离开公司，调入国家机关和涉密单位的，脱密期管理由调入单位负责；属于其他情况的，公司应当将其脱密期通知离岗离职后涉密人员社保关系或者户籍所在地、常住地的人力资源社会保障部门、公安机关、保密行政管理部门，脱密期管理由当地人力资源社会保障部门、公安机关、保密行政管理部门负责。

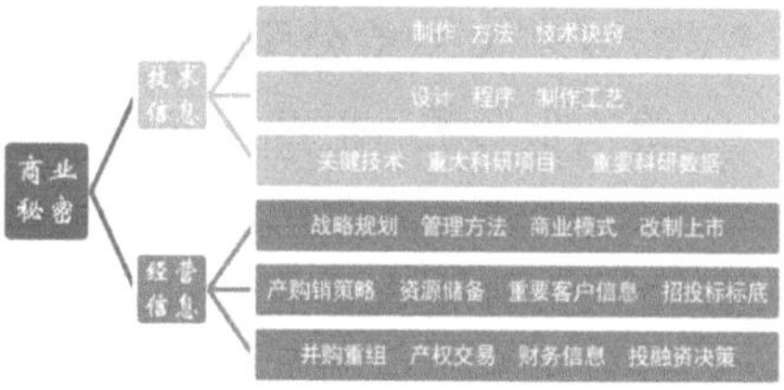

二、保密离岗管理法律法规与规章制度

（一）国家法律法规

《中华人民共和国保守国家秘密法》相关规定：

第三十八条　涉密人员离岗离职实行脱密期管理。涉密人员在脱密期内，应当按照规定履行保密义务，不得违反规定就业，不得以任何方式泄露国家秘密。

（二）×××× 公司规章制度

1.《×××× 公司保密工作管理办法》相关规定

第五十条　涉密人员需要离岗、调动的，按照组织（人事）管理权限和相关保密管理规定办理。

第五十一条　涉密人员离岗（退休、调离、辞职、辞退）前，必须主动清退保管和使用的全部涉密载体，办理移交手续，并与本单位保密委员会签订《涉密人员

离岗保密承诺书》。

第五十二条　涉密人员离岗（退休、调离、辞职、辞退）实行脱密期管理，脱密期限由涉密人员所在部门和单位根据其涉密程度确定。一般情况下，核心涉密人员为三年至五年，重要涉密人员为两年至三年，一般涉密人员为一年至两年。法律法规或国家有关主管部门有特殊规定的按规定办理。

2.《××××公司保护商业秘密规定》相关规定

第二十七条　对涉密人员的管理：

（一）涉密人员应严格遵守公司各项保密规章制度。

（二）涉密人员应保管好商业秘密文件、资料，因工作变动离职时，须将涉密资料交给单位指定的部门和人员，经接收部门签字盖章、主管领导确认后，单位人事部门方可办理有关手续。

（三）涉密人员在调离岗位前须与所在单位保密委员会签订《涉密人员离岗保密承诺书》。

3.《××××公司关于进一步加强涉密人员管理的通知》相关规定

第二条第（二）款规定：涉密人员离岗（退休、调离、辞职、辞退）前，必须主动清退保管和使用的全部涉密载体，办理移交手续，与公司保密委员会签订《涉密人员离岗保密承诺书》并遵守脱密期管理制度。脱密期一般为：核心涉密人员三年；重要涉密人员两年；一般涉密人员一年（法律法规或国家有关主管部门有特殊规定的按规定办理）。在相应的脱密期内，仍由公司按在职涉密人员进行管理。借调、外委人员在涉密岗位工作的，按照在职涉密人员管理。

三、保密警示案例

（一）借调期间私自留存涉密载体泄密

某涉密单位工作人员张某借调中央机关工作期间，借参与重要文稿起草之机，私自拷贝大量涉密文件、资料，存储在个人移动硬盘中。在借调结束离岗时，未及时清退持有的涉密文件、资料，擅自将移动硬盘带出借调单位。2008年3月，张某将该移动硬盘交本单位同事王某使用时，王某将其中部分文件、资料拷入连接在互联网的计算机中，导致大量国家秘密和重要信息泄露。事件发生后，有关部门给予张某、王某开除党籍、开除公职处分。

（二）“跳槽”致泄密

2006年11月，某涉密单位副总工程师王某，伙同该单位李某等5人集体“跳槽”至某外资企业工作，私自带走该单位多份涉密文件资料，造成泄密。王某等5人被分别判处4～7年有期徒刑。

（三）采购渠道泄密

56岁的洛佩兹是美国通用汽车公司采购负责人，人称“成本杀手”，在他担任通用汽车负责人的3年中，在汽车零件上为通用公司节约了约30亿美元。1993年3月15日，洛佩兹带领7名助手投奔德国大众公司。他的跳槽直接威胁通用公司的竞争优势，克林顿总统甚至命令FBI采用侦查手段干预。

1996年3月7日，通用汽车向美国底特律地方法院提交了99页的起诉书，后双方达成和解，大众公司向通用公司支付1亿美金的损失赔偿款，并在未来7年内购买通用公司10亿美金汽车零部件，洛佩兹脱离大众公司，在2000年前不得作为雇员或者顾问为大众公司服务。

（四）研发资料泄密

2012年3月，沈阳警方接到东软集团股份有限公司关于“大量核心技术人员在短时间内集中离职，有可能非法从事同类研发工作”的举报线索。经查明，犯罪嫌疑人李某某伙同公司CT机研发部核心人员张某、杜某等19人盗取东软公司商业秘密，在沈阳经济技术开发区内进行16排医用CT机研发。5月，警方组成10余个抓捕小组将李某某等20名犯罪嫌疑人全部抓获归案，并查获装有大量商业秘密的电脑、U盘和移动硬盘。本案犯罪嫌疑人窃取技术价值总计2400余万元人民币，公司研发项目延迟造成损失1470余万元人民币。此次商业秘密外泄造成东软公司被侵犯商业秘密项目折余价值高达4000余万元人民币。

第八章　新入职员工保密知识

一、公司保密工作基本情况

（一）保密组织机构

1. 保密委员会成员

公司成立保密委员会。保密委员会主任由公司党委书记担任；副主任由公司其他负责人担任，并指定领导具体分管公司保密工作；成员由各职责部门主要负责人组成。负责组织落实国家及上级机关各项保密管理要求，研究、审议公司保密工作中的重大事项。

2. 保密委员会办公室成员组成及职责

保密委员会设立办公室（保密应急处置工作领导小组办公室）（以下简称“保密办”），设在××××公司办公室（党委办公室），主任由××××公司办公室（党委办公室）主要负责人兼任，副主任由××××公司信通公司主要负责人兼任，成员为××××公司办公室（党委办公室）主管保密工作专责、信通公司主管网络安全工作专责组成，负责公司日常保密管理工作。

3. 各部门二级保密组织机构成员组成

各部门成立保密工作小组，组长由部门主要负责人担任，成员由部门相关业务管理人员组成，具体负责本部门业务职责范围内的保密管理工作。

（二）公司保密管理现行规章制度及通知要求

1. 现行规章制度

（1）《××××公司领导人员保密工作责任追究管理办法》

（2）《××××公司保密工作管理办法》

（3）《××××公司保密工作奖惩办法》

（4）《××××公司办公计算机信息安全管理办法》

（5）《××××公司关于加强党组会、总经理办公会等重要会议文件、材料保密管理的规定》

（6）《××××公司涉密办公自动化设备保密管理规定》

（7）《××××公司驻外机构保密工作管理细则》

（8）《××××公司员工保密守则》

（9）《××××公司保密检查工作规定》

（10）《××××公司密级范围的规定》

（11）《××××公司保护商业秘密规定》

（12）《××××网络与信息安全保密管理规定（试行）》

2. 通知要求

（1）《××××办公室关于进一步加强保密要害部位规范化管理的通知》

（2）《××××公司关于加强公司系统重要会议保密工作的通知》

（3）《××××公司关于进一步加强涉密人员管理的通知》

（4）《××××公司关于进一步明确对外提供涉密载体有关事项的通知》

（5）《××××公司关于进一步加强信息公开保密审查管理的通知》

（三）公司的保密事项范围

（1）涉及国家秘密和企业秘密的信息内容及相关资料；

（2）涉密载体、涉密信息设备和存储设备；

（3）保密要害部门、部位及涉密场所。

二、保密工作相关要求及防范技能

（一）相关要求

1. 学习实习人员保密工作要求

（1）不在国际互联网计算机以及个人计算机、存储介质中处理、存储学习单位涉密信息和内部信息。

（2）不得在家中、宿舍等非涉密场所处理与学习实习工作相关的内容。

（3）不擅自披露学习实习单位涉密信息和内部信息，撰写论文涉及学习实习单位涉密信息和内部信息的，应当报学习实习单位进行保密审查。

（4）涉密论文按照涉密载体进行管理。未经学习实习单位批准，个人不得私

自持有。

（5）不得将个人计算机、移动存储介质等设备带入工作场所，不得私自将同学、同事、朋友等外来人员带入工作场所。

学习实习结束后向单位移交全部留存的涉密载体，签订保密承诺书。

案例 1：2007 年，王某在某涉密单位学习期间私自使用非涉密移动存储介质拷贝工作资料。2010 年 4 月，王某将该介质接入国际互联网计算机时被境外情报机构实施远程攻击，导致多份涉密资料被窃取。王某被依法追究责任。

案例 2：吴某在国外学习期间被境外情报机构策反，2008 年回国后，通过其在涉密单位实习的同学，窃取了涉及我国武器装备的多份涉密资料，被国家安全机关查获并判刑。

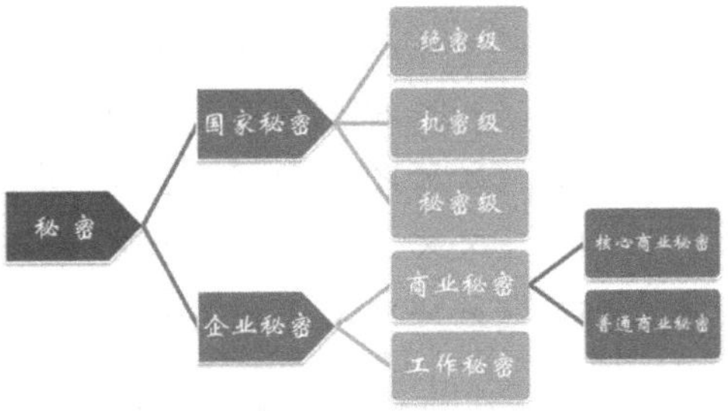

2. 员工保密守则

（1）严格遵守国家保密法律法规和公司保密规章制度，确保国家秘密、公司企业秘密安全。

（2）自觉履行依法保守国家秘密、保护公司企业秘密的义务，严格遵守保密纪律，不该说的不说，不该问的不问，不该看的不看，不该记录的不记录。

（3）主动接受保密教育培训，掌握保密知识技能，签订保密承诺书并践行承诺，自觉接受监督检查和考核。

（4）确保涉密载体安全，不在没有安全防护措施的场所存放涉密载体；不擅自携带涉密载体外出；不私自复制、保存、销毁涉密载体。

（5）严格遵守公司安全移动存储介质管理要求，不得用于存储和传递涉及国家秘密的信息。

（6）严格控制涉密事项知悉范围，不在非保密场所阅办、谈论涉密事项；不通过没有保密措施的通讯、通信方式传播涉密事项；不擅自公开、发布、提供涉密事项或以任何形式扩大涉密事项知悉范围。

（7）工作中严格遵守国家秘密“涉密不上网，上网不涉密”的原则要求。国家秘密不得在信息内网、信息外网和互联网上存储、处理、传递。涉密办公设备不得接入公司信息内网、信息外网和互联网。

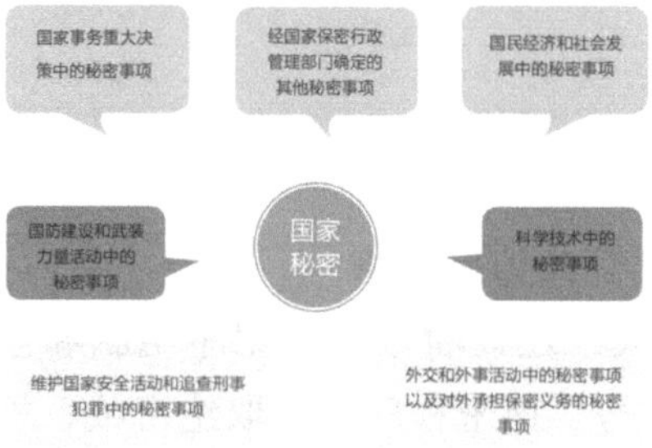

（8）严格遵守公司信息外网使用规范要求，不在信息外网和互联网上存储、处理、传递企业秘密；不通过社会邮箱发送涉及工作事项的邮件。

（9）熟悉保密应急程序，发生失泄密事件时，立即采取补救措施，及时报告，不得隐瞒；发现失泄密事件或风险隐患时，要采取措施予以制止并及时报告。

（10）离岗、离职后，对知悉的国家秘密、企业秘密仍然负有保密义务，要严格遵守脱密期管理规定，及时清退个人持有和使用的涉密载体和信息设备，并办理移交手续。

3. 保密工作相关要求

（1）涉密文件内容、标题、文号严禁摘抄、记录、拍照，严禁公开引用，严禁在公司内外网上公开发布。

（2）涉密文件原则上不允许复制，确因工作需要复制，应履行审批手续。涉密文件严禁汇编成册。

（3）借阅涉密文件，须按文件密级履行审批手续并按期归还。

（4）涉密文件有明确阅知传达范围时，任何人不得随意扩大传阅范围。

（5）阅办涉密文件须到机要室，并履行签字手续。

（6）因工作需要携带涉密文件外出，必须履行审批手续，采取保密措施。外出参加会议带回的文件资料，应当及时交机要室处办理。

（7）因工作需要向有关部门（单位）提供涉密文件资料，应履行审批手续。

（8）公开发布信息和对外宣传提供资料，须严格履行信息公开及对外交流保密审查审批手续。

（9）传达涉密文件内容的会议，严禁录音、录像，严禁新闻报道。

（10）公开发表稿件时，凡涉及公司业务工作的或对是否涉密等界限不清的，必须经保密机构审查，履行审批手续。

（11）公司外网邮件系统严禁传递公司企业秘密信息，公司内网邮件系统严禁传递国家秘密信息。

（12）信息外网计算机严禁存储和处理涉及公司企业秘密信息，信息内网计算机严禁存储和处理涉及国家秘密信息。

（13）公司文件资料应采用邮政挂号或邮政特快专递（EMS）方式寄送，严禁通过各类社会快递公司寄送。如涉密，应采用机要交换、邮政机要通道或专人派送方式处理。

（二）防范技能

1. 不得将涉密计算机及网络接入互联网及其他公共信息网络

案例：2008 年 1 月，某涉密单位工作人员唐某，违规将涉密笔记本电脑和涉密移动硬盘接入互联网，被境外情报机构利用“木马”窃密程序，窃取绝密级、机密级和秘密级文件数十份，给国家安全利益造成严重损害。唐某的行为构成过失泄露国家秘密罪，被依法判处有期徒刑 2 年 6 个月，负有主要领导责任的人员受到党内严重警告和行政记大过处分。

2. 不得在连接互联网及其他公共信息网络的计算机上存储、处理涉密信息

案例：2008 年 6 月，某部门工作人员梁某违规在连接互联网的计算机上存储、处理涉密信息，该机被境外情报机构植入“木马”窃密程序并远程控制，造成泄密。梁某受到留党察看一年和行政撤职处分，并调离现工作岗位。

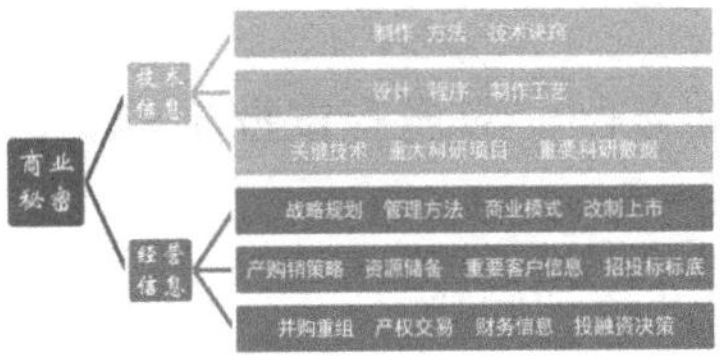

3. 不得在非涉密计算机及办公网络上存储、处理涉密信息

案例：2006 年 5 月，某部门工作人员白某违规在非涉密办公网络上存储、处理涉密信息，该信息被临时借调人员柴某下载并提供给境外情报机构，这些信息中有绝密级文件和内部工作文件。柴某的行为构成间谍罪，被依法判处有期徒刑 15 年。白某受到行政记过处分。

4. 不得在涉密计算机与非涉密计算机之间交叉使用 U 盘等移动存储介质

案例：2008 年 7 月，某集团公司下属研究机构高级工程师朱某和副总工程师李某，违规在涉密计算机和连接互联网的计算机之间交叉使用 U 盘，被境外情报机构利用“木马”窃密程序，窃取多份涉密文件，朱某受到开除公职处分，李某受到行政记大过处分，并被免去副总工程师职务，调离现工作岗位。

5. 不得将涉密办公自动化设备连接互联网及公共通信网络

办公自动化设备包括：计算机及其附属设备、多功能机、打印机、复印机、传

真机、扫描仪、照相机、录音机、摄像机等。这些设备共同的特点：带有存储功能。

6. 不得使用普通传真机、电话机和手机传输或谈论涉密信息

案例：2007 年 5 月，某单位一位负责人李某，指示下属人员用普通传真机向 43 家参会单位传输涉密会议文件，造成泄密。李某受到行政降级处分。

7. 不得通过普通邮政、快递等无保密措施的渠道传递涉密载体，要通过机要交通或机要通信渠道

案例：2006 年 5 月，某军工单位即将退休的技术人员袁某受朋友之托，在未履行任何手续的情况下，找同事复制了三份涉密资料，通过普通邮寄方式寄出。经鉴定，该组资料秘密级为国家秘密。事件发生后，袁某受到单位行政记过处分，取消返聘资格并罚款。

第九章 商业秘密保护与防范知识

一、商业秘密的概念与保护依据

（一）商业秘密的概念

《中华人民共和国反不正当竞争法》第九条第三款规定：“商业秘密是指不为公众所知悉、具有商业价值并经权利人采取相应保密措施的技术信息和经营信息。”

不为公众所知悉，是指该信息是不能从公开渠道直接获取的。

权利人，是指依法对商业秘密享有所有权或者使用权的公民、法人或者其他组织。

权利人采取保密措施，包括订立保密协议、建立保密制度及采取其他合理的保密措施。

技术信息和经营信息，包括设计、程序、产品配方、制作工艺、制作方法、管理诀窍、客户名单、货源情报、产销策略、招投标中的标底及标书内容等信息。

（二）商业秘密保护依据

（1）1987 年颁布的《中华人民共和国技术合同法》是中国有关商业秘密的第一部直接法律，其确立了技术秘密的合同债权，使用的概念是非专利技术。

（2）1993 年颁布的《中华人民共和国反不正当竞争法》是迄今中国保护商业秘密最重要和最直接的法律。

（3）2007 年颁布的《最高人民法院关于审理不正当竞争民事案件应用法律若干问题的解释》等司法解释，是适用相关法律的重要规范来源。

（4）1995 年和 1998 年，国家工商行政管理局分别发布实行的《关于禁止侵犯商业秘密的若干规定》和《关于商业秘密构成要件问题的答复》，是对《反不正当竞争法》保护商业秘密及对商业秘密的行政执法等作出的进一步解释。

（5）涉及劳动关系中商业秘密问题的法律，包括 1995 年《中华人民共和国劳动法》和2007年《中华人民共和国劳动合同法》，地方性条例有各地的劳动合同条例等，其中规定了竞业限制合同条款。

二、商业秘密保护有关法律法规

（1）《中华人民共和国反不正当竞争法》；

（2）《最高人民法院关于审理不正当竞争民事案件应用法律若干问题的解释》；

（3）《国家行政管理局关于禁止侵犯商业秘密行为的若干规定》；

（4）《中华人民共和国劳动合同法》有关商业秘密、竞业限制的规定；

（5）《中华人民共和国刑法》有关商业秘密犯罪的规定；

（6）最高人民法院、最高人民检察院关于办理侵犯知识产权刑事案件具体应用法律若干问题的解释；

（7）《最高人民法院、最高人民检察院关于办理侵犯知识产权刑事案件具体应用法律若干问题的解释（二）》；

（8）《中央企业商业秘密保护暂行规定》；

（9）《中关村科技园区条例》有关商业秘密、竞业限制的规定。

三、商业秘密构成条件

商业秘密的构成条件，是指与社会竞争和物质利益有关的信息，一旦满足其要求，就应该受到法律保护的条件，又可称为商业秘密的构成要件。与社会竞争和物质利益有关的信息是商业信息，商业信息不必然获得法律保护，商业秘密仅是商业信息的一部分，商业信息只有进一步符合商业秘密的构成要件，才能受到保护。

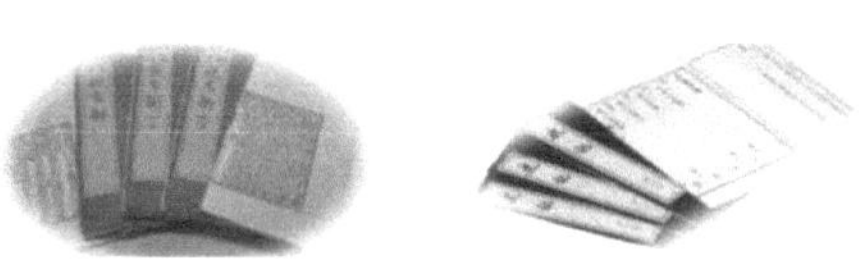

根据《反不正当竞争法》第九条第三款的表述，构成商业秘密必须同时满足三个要件：“本法所称的商业秘密，是指不为公众所知悉（强调了秘密性）、具有商业价值（强调了价值性）并经权利人采取相应保密措施的技术信息和经营信息（强调了管理性）。”

“秘密性”是商业秘密最基本的特征，

指不为公众所知悉，或不能通过公开渠道查询直接获得的信息。公众所知的信息，无论它具有多大的价值，都不能作为商业秘密予以保护。商业秘密只有处于秘密状态，才能维护它的价值，如果其内容为公众所知悉，其固有价值就有可能丧失殆尽，也就不能称其为“商业秘密”了。

商业秘密的“秘密性”是一个相对的概念，不代表商业秘密权利人以外绝对没有人知悉，其他权利人各自通过正当渠道获取并持有了相同的商业秘密，也符合“不为公众所知悉”，也是商业秘密的合法权利人。

“价值性”是指商业秘密通过现在或者将来的使用，能够给权利人带来现实的或潜在的经济利益。商业秘密的价值性也是保护商业秘密的根本原因。侵犯商业秘密行为的背后，是经济利益的驱动。权利人对商业秘密的维护，国家法律对商业秘密的保护，其重要目的也在于维护或谋求经济上的利益。

“管理性”是指权利人根据具体环境需要，对商业秘密采取的合理保护措施。权利人通过保护措施，表明了商业秘密的存在，创设了商业秘密权，并通过控制从而主张权利，使必要人员承担了不得泄露秘密的义务。

四、商业秘密保护的宗旨

商业秘密保护的宗旨：维护商业道德，促进研究与开发。

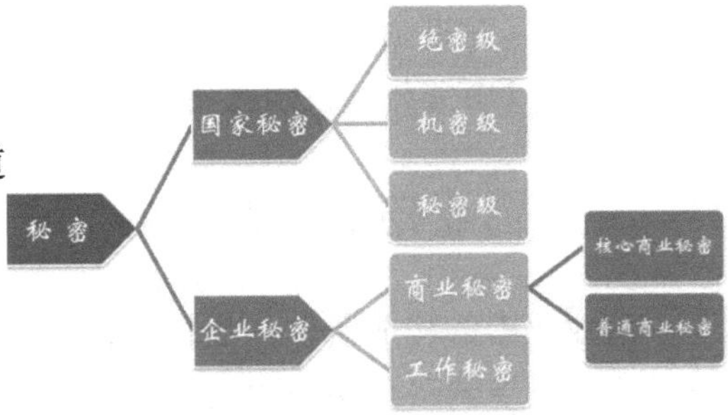

五、商业秘密权及其限制

（一）商业秘密权

商业秘密权是什么性质的权利？这个问题目前还未有统一答案，商业秘密是一个多面体。

1. 侵权法上的权利

世界贸易组织《与贸易有关的知识产权协定》中对商业秘密规定的，实际上是制止侵权行为的权利，即只要有关信息符合条件，则自然人和法人应有可能禁止他人侵权使用处于其合法控制下的信息。这里强调的是针对不正当竞争侵权行为的禁止权。

2. 合同法上的权利

就技术秘密、经营秘密签订了合同，或存在默示合同关系的，可依据合同法对违约行为请求法律救济。

3. 财产法上的权利

商业秘密知识产权，知识产权属于无形财产。无形财产是广义财产的一部分。

（二）商业秘密权限制

1. 他人合法权益对商业秘密的限制

与国家经过行政审批授予的专利权、商标权不同，商业秘密权利经过民间的合法行为，自动产生。合法行为包括独立开发、反向工程、接受其他商业秘密所有人的许可、对产品公开使用或公开展出观察、从公开出版物中获得商业秘密以及其他善意获得商业秘密又没有产生保密义务的情形。

同一商业秘密可有多个权利主体并存，各权利人的权利相抵，其结果只能是相互尊重、互不侵犯。

2. 公共利益限制

为了保障劳动者利益，立法者颁布法律，赋予社会监察机关权力，可以不经厂方许可，进入工厂检查，对违反法律的进行处罚。在商业秘密保护方面，该法最先表现了公权对私权的限制，如企业的不正当收入、支出的不良去向、企业高级经营管理人员的违法收入等。在企业经营秘密主义的保护下，这些均得以隐藏。所以在保护商业秘密的私权的同时，以社会公众利益为出发点，应对商业秘密的权益进行限制，表现在对违法的、不正当的商业秘密的处理上。

（三）商业秘密与国家秘密的区别

1. 涉及利益不同

国家秘密关系国家安全和利益；商业秘密直接涉及权利人经济利益和竞争优势，一般局限于科研、生产和经营活动。

2. 所有权性质不同

国家秘密的所有权属于国家，体现公权力性质；商业秘密的所有权属于自然人或法人，是私权利。

3. 定密主体不同

国家秘密的确定主体是依法拥有定密权的国家机关和依法获得定密授权的机关、单位；商业秘密的确定主体是从事科研生产和经营活动的企业事业单位。

4. 确定程序不同

国家秘密必须依照法定程序确定，以保密事项范围为依据；商业秘密的确定目前没有严格的法定程序，由权利人自行确定（央企确定商业秘密，执行国资委的有关规定）。

5. 处置权限不同

国家秘密未经法律授权的机关审查批准，不得擅自对外提供或转让；商业秘密只要权利人同意即可参与市场交易并进行转让，也可自行处置。

6. 适用法律不同

国家秘密依据国家保密法律制度管理，其保密措施由法律明确规定；商业秘密受《中国人民共和国反不正当竞争法》等法律保护，主要由权利人自行管理。

（四）商业秘密管理

1. 方针

实行依法规范、企业负责、预防为主、突出重点、便利工作、保障安全的方针。

2. 原则

按照统一领导、分级管理的原则，实行企业法定代表人负责制。

3. 组织机构与职责

（1）公司保密委员会是商业秘密保护工作的领导机构，负责贯彻国家有关法律、法规和规章，落实上级保密机构、部门的工作要求，研究决定商业秘密保护工作的相关事项。

（2）保密委员会办公室（以下简称保密办公室）作为公司保密委员会的日常办事机构，负责依法组织开展商业秘密保护教育培训、保密检查、保密技术防护和泄密事件查处等工作。

（3）按照“业务工作谁主管，保密工作谁负责”的原则，公司各级单位按照职责分工，负责职责范围内商业秘密的保护和管理。

4. 范围、密级

（1）范围

公司商业秘密保护范围主要包括：战略规划、管理方法、商业模式、改制上市、并购重组、产权交易、财务信息、投融资决策、产购销策略、资源储备、重要客户信息、招投标标底等经营信息；设计、程序、制作工艺、制作方法、技术诀窍、关键技术、重大科研项目、重要科研数据等技术信息。具体详见《×××× 公司密级范围的规定》（×××× 办〔2018〕342 号）。

因国家秘密范围调整，公司商业秘密需要变更为国家秘密的，必须依法定程序将其确定为国家秘密。

（2）密级

公司商业秘密及其密级、保密期限和知悉范围，由产生该事项的公司各级单位拟定，分管领导审批。

公司商业秘密按重要程度以及泄露后会使公司的经济利益遭受损害的程度，确定为核心商业秘密、普通商业秘密两级，密级标注统一为“核心商密”“普通商密”。

公司核心商业秘密是指一旦泄露会使公司的利益遭受特别严重损失的事项，包括：

①公司中长期规划等发展战略及其规划事项；

②公司资产重组、并购、资产处置及其他相关内容，资本运作的有关计划、方案和资料等公司重大决策事项；

③公司投融资项目的前期工作研究报告、后评估报告、公司融资计划方案；

④不能依据《中华人民共和国专利法》及《中华人民共和国著作权法》等法律法规进行保护的公司重大科技成果的关键技术资料；

⑤计算机网络与信息系统的安全评估与安全漏洞分析报告；

⑥其他需要作为商业秘密保护的特别重要的事项。

公司普通商业秘密是指一旦泄露会使公司的利益遭受较大损失的事项，包括：

①尚未公布的公司年度会计决算及财务预算报告，财务稽核及绩效评价报告，公司产权登记资料及结构分析报告，电价和税收资料；

②尚未公布的销售情况，经营活动分析、市场结构分析的报告及资料；

③下达各直管单位的劳动工资计划，企业薪酬调整方案；

④与境内外公司签订的重要商务协议或合同、商务谈判过程的有关资料；

⑤拥有自主知识产权的计算机软件源码程序及详细设计文档；

⑥其他需要作为商业秘密保护的重要事项。

5. 定密程序

（1）确定程序

承办人（拟稿人）登录协同办公系统，按照发文流程，对照《×××× 公司密级范围的规定》（×××× 办〔2018〕342 号），拟订密级、保密期限和知悉范围，标注秘密标志，发送给本部门主任审核，部门主任签署同意后，由承办人（拟稿人）发送给保密办主任审核，保密办主任审核同意后，再由承办人（拟稿人）发送至办公室总文书流转，然后由总文书将文件发送至公司领导审批。公司领导审批同意后，企密文件可在内网流转，文件若需要县公司阅，需打印纸质文件，由相关单位签字领取。

以协同办公发文流程为例：

第一步：发文拟稿。

第二步：拟稿人根据文件内容参考《××××公司密级范围的规定》（××××办〔2018〕342号），拟订密级。

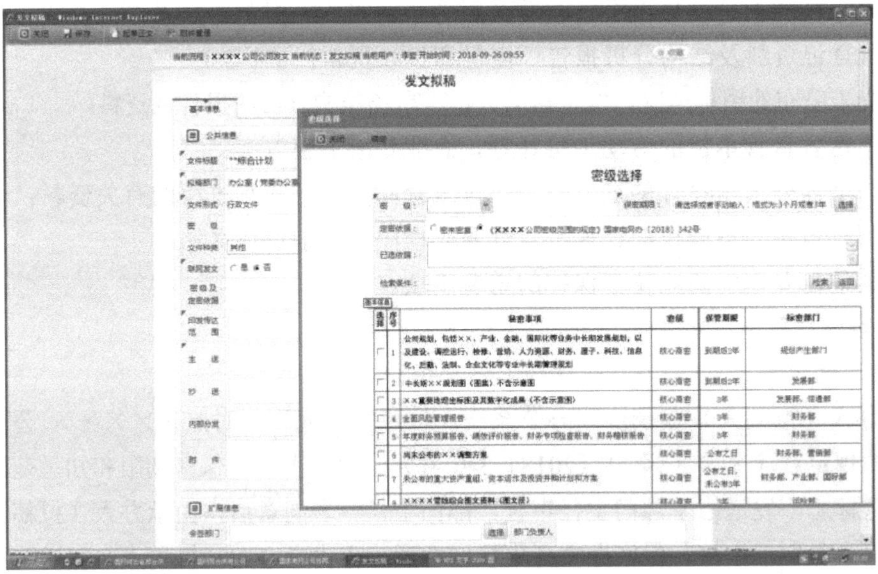

第三步：选定之后定密依据自动显示，拟稿人核对文件基本信息和相关内容后发送给本部门主任核稿。

文件标题	综合计划			
拟稿部门	办公室（党委办公室）	拟稿日期	2018-09-26	拟 稿 人
文件形式	行政文件	行文格式	平(下)行文	发文单位
密　级	普通商密	保密期限	•3年	紧急程度
文件种类	其他	文 件 字	××× 修改	发文字号
联网发文	○是 ◉否			规章制度
密级及定密依据	普通商密•3年 按《××××公司密级范围的规定》××××办〔2018〕342号确定(公司年度综合计划)			

第四步：部门主任对文件内容、定密等内容进行审核，签署同意后，拟稿人要把需定密文件发保密办主任审核。

第五步：保密办主任审核同意后，拟稿人需将文件发办公室总文书流转，由总文书将文件发送至公司领导审批。

第六步：领导审批同意后，商密文件可在内网流转，文件若需要县公司阅，需打印纸质文件，由相关单位签字领取。

（2）商业秘密的变更程序

由承办人提出具体意见，经本单位分管领导审核批准后，以书面形式通知知悉范围内的部门、单位或人员。

（3）商业秘密的解除程序

商业秘密事项保密期限已满即自行解密。在保密期限内的，若公开后无损于公司的安全和利益，或公开后对公司更为有利的，应当及时解密，解密由原确定密级的部门和单位决定。

（4）商业秘密的管理

商业秘密应当实行动态管理。产生和确定商业秘密的单位，应定期对原定的商业秘密进行清理，及时解密或延长保密期限。

根据工作需要严格确定商业秘密知悉范围。知悉范围应当限定到具体岗位和人员，并按照涉密程度实行分类管理。

商业秘密的密级、保密期限变更后，应当在原标明位置的附近做出新标志，原标志以明显方式废除。保密期限内解密的，应当以能够明显识别的方式标明“解密”的字样。

6. 载体的密级标识及保密期限

（1）载有商业秘密的文件、资料、图表、照片、录音、录像、磁盘、光盘、硬盘等密品、密件，必须在显著位置标注商业秘密标识。

（2）商业秘密的保密期限，由产生和确定商业秘密的单位确定。可以预见时限的以年、月、日计，不可以预见时限的应当定为“长期”或者“公布前”。

（3）商业秘密标识和保密期限一般标注在密品、密件左上角，标识为：“××商密•×年（或×月）”，例如：“核心商密•5年”。

7. 管理要求

（1）涉密人员管理

①涉密人员应严格遵守公司各项保密规章制度。

②涉密人员应保管好商业秘密文件、资料，因工作变动离职时，须将涉密资料交给单位指定的部门和人员，经接收部门签字盖章、主管领导确认后，单位人事部门方可办理有关手续。

③涉密人员在调离岗位前须与所在单位保密委员会签订《涉密人员离岗保密承诺书》。

（2）载体管理

①凡涉及公司商业秘密的各种载体，应设专人管理。因工作需要借阅使用时，应认真填写借阅单，并经分管领导签字确认后方可借阅。

②含有公司商业秘密的文件、资料等未经批准不得复制和摘抄。

③公司所有员工未经批准不准在各类媒体上发表涉及公司商业秘密的内容和信息。

（3）信息网络管理

①在涉及公司商业秘密的计算机信息系统的设计、建设及运行维护过程中，有关部门要采取相应的技术措施。

②公司员工不得在公司信息外网计算机或没有相应保密措施的计算机信息系统中处理、存储和传输公司商业秘密。

③禁止将商业秘密事项输入国际互联网。

（4）公司在接待参观、考察、访问人员时，负责接待的有关部门、单位应采取相应的保密措施。

（5）发现商业秘密载体被盗、遗失、失控等事件，或者商业秘密泄露，所在单位要及时采取补救措施，同时将有关情况向保密委员会报告。发生泄密事件要及时查处并报告上级保密委员会。

（五）保护商业秘密的义务及相关措施

1. 义务

（1）公司与员工签订的劳动合同中应当含有保密条款。

公司各级单位与涉密人员签订的保密协议中，应当明确保密内容和范围、双方的权利与义务、协议期限、违约责任。

公司各级单位应当根据涉密程度等与核心涉密人员签订竞业限制协议，协议中应当包含经济补偿条款。

（2）保密办公室及相关部门要做好保护商业秘密的宣传教育工作，使有关人员知悉本职业务工作中商业秘密的基本范围和具体事项。

（3）公司全体员工应当自觉履行保护公司商业秘密的义务，遵守公司保护商业秘密的规定，履行保密合同、协议，保守商业秘密。

2. 相关措施

（1）公司员工在执行公务中要采取措施保护知悉的商业秘密，不得擅自披露商业秘密。

（2）因工作需要向各级国家机关、具有行政管理职能的事业单位、社会团体等提供商业秘密载体时，应当向其明示保密义务。所提供的商业秘密载体，由业务部门拟定，分管领导审批，保密办公室备案。

（3）在涉及商业秘密的咨询、谈判、技术评审、成果鉴定、合作开发、技术转让、合资入股、外部审计、尽职调查、清产核资等活动时，应当与相关方签订保密协议。

（4）重点工程、重要谈判、重大项目的商业秘密保护实行保密工作先期进入机制。涉及国家安全和利益的，应当向国家有关部门报告。

（5）商业秘密载体的制作、收发、传递、使用、保存、销毁等实施闭环管控，确保商业秘密载体安全。

（6）公司总部各部门、各分部和公司各级单位要加强涉及商业秘密的计算机信息系统、通讯及办公自动化等设施、设备的保密管理，保障商业秘密信息安全。

（7）公司各级单位应当将商业秘密保护工作纳入风险管理，制订泄密事件应急处置预案，增强风险防范能力。

（8）公司各级单位应当对侵犯公司商业秘密的行为，依法主张权利，要求停止侵权，消除影响，赔偿损失。

（9）对保护商业秘密作出突出成绩的集体和个人，单位给予表彰和奖励。公司员工泄露或者非法使用商业秘密，应根据其情节轻重及造成的经济损失大小给予相应处理或经济处罚。情节较重或者给公司造成较大损失的，应当依法追究相关法律责任。涉嫌犯罪的，依法移送司法机关处理。

奖惩工作具体按《×××× 公司保密工作奖惩办法》等规定执行。

六、商业秘密保护与职工权益

（一）在职职工义务

《宪法》第四十二条规定：“国有企业和城乡集体经济组织的劳动者都应当以国家主人翁的态度对待自己的劳动。”

《劳动法》第三条第二款规定：“劳动者应当完成劳动任务。提高职业技能，执行劳动安全卫生规程，遵守劳动纪律和职业道德。”

上述法律法规，实际上规定了企业职工对企业的忠实、善意义务。

义务的内容：

（1）保守秘密、不得向他人泄露。无论这种泄露是出于故意还是疏忽，均违反义务；

（2）如因单位工作需要，应正确使用商业秘密，即在单位要求的范围和程度上，为增进单位的利益使用商业秘密；

（3）得到职务成果应及时向单位汇报；

（4）不得利用商业秘密成立自己的企业与本单位竞争，这既违反了忠实义务、善意义务，又侵犯了单位的商业秘密权；

（5）不得利用商业秘密为竞争企业工作；

（6）妥善保管、使用、交还有关商业秘密的载体，如文字材料、磁盘、实物等。

（二）离职职工义务

职工离职后，对原单位的重要商业秘密仍然负有善意义务、不侵犯义务，即使没有明示合同，离职职工对重要商业秘密仍有默示不泄露、不使用义务。

重要商业秘密是指对单位关系重大，且外界不可能知道或不容易知道的信息，包括技术秘密和经营秘密，如高度秘密性的商业秘密和职务发明等。

职务发明虽然是职工自己做出的，但在法律上权利完全属于单位，职工只有获得报酬和奖励权。按照目前法律，单位即使没有支付奖酬，职务发明的权利也仍然属于单位。职工虽然是实际发明人、创作人、构思者，但还是不能带走职务上的发明创造。

对商业秘密保护义务的解除条件：由于财产属性非常明显，且关系原单位重大利益，所以职工对原单位重要商业秘密的保密和不使用义务，要等到该商业秘密进入公知领域后，方才解除。如果有明确约定，则到约定日期才解除。

在该商业秘密进入公知领域之前，职工不得利用原来工作知识及已经公开的信息组合出该商业秘密，并谎称已经公知而加以使用。

该商业秘密虽然部分公开，但社会公众如果不能推测出未公开部分，而离职职工即开始使用该商业秘密的，实际上还是利用了一部分原来的工作知识，侵犯了原单位的商业秘密。

七、商业秘密的泄露与法律风险

（一）商业秘密泄密情形分析

据美国《时代》杂志对该国1558家公司进行的调查，有1224家公司公开承认，他们常对竞争对手搞间谍活动。在法国，自1976年以来，仅警方发现的工业间谍盗窃案就有58562起。商业秘密泄密已经成为全球面临的共同问题。正如谚语所讲，秘密是你的囚徒，一旦把它泄露出去，你便成了它的囚徒。

1. 数据存储媒介丢失或被盗

信息存储媒介，是指存储数据的载体，如软盘、光盘、DVD、硬盘、闪存、U盘、CF卡、SD卡、MMC卡、SM卡、记忆棒（Memory Stick）、XD卡等。这些数据存储媒介的查失或遗失，是信息泄露的重要途径。笔记本电脑等电子产品已经渗透到我们工作和生活的方方面面，为工作和生活带来了诸多便利，成为不可或缺的重要工具。然而，保存有大量商业秘密的笔记本电脑等设备的丢失或盗失，已成为商业秘密泄露的重要途径。造成这些设备丢失的原因可能是员工无意中丢失，也可能是被攻击者故意盗走。丢失或盗失的位置可能是在员工出差的途中，或者存放这些设备的场所，例如员工家中、出差所住的宾馆以及备份媒介保存的机房、企业内部保管室等。如果这些丢失或盗失的设备中包含有机密的数据，拾获者或盗窃者就能将它们出售，以获得非法利益。

笔记本电脑遗失或盗失所带来的损失不仅是金钱，更严重的是会导致重要业务数据的丢失以及敏感商业信息的泄露，而这种损失是难以估量的。例如，全球某知名饮料连锁店经营商曾丢失了四台笔记本电脑，其中两台储存有约六万名现职及前任雇员的个人资料，包括姓名、地址、社会福利号码及过去三年的数据记录，此外还有 80 名加拿大员工资料及其他重要数据，这次事件造成了非常恶劣的影响，因为其潜在风险在之后数十年内都无法完全消除。事后该企业只能亡羊补牢地表示，列在遗失电脑档案中的员工，一旦身份被冒用，企业将承担所有损失。

2. 内部人泄密

内部人泄密又可以分为内部人主动泄密和内部人被动泄密两种情形：

（1）内部人主动泄密

内部人主动泄密，是指由商业秘密权利人的所属员工于在职期间或离职后为个人私利或未经权利人许可而主动将权利人的商业秘密泄露给第三人，或者由商业秘密的部分持有人未经权利人或其他共同权利人同意擅自将商业秘密泄露给第三人。

例如，内部人在职期间，将窃取的所有企业商业秘密出卖给其他企业，或作为个人技术股参股到新企业，坐收红利，甚至被“重金收买”而作为其他企业的“内线”。

内部人离职后，利用窃取的原企业技术图纸、工艺诀窍、流程、配方、原料来源、客户名单、营销渠道等商业秘密，自立门户，进行生产经营。

（2）内部人被动泄密

内部人被动泄密，是指对于商业秘密权利人而言，商业秘密的泄露并非基于权利人或所属员工的主观愿望，而是由于其权利人或所属员工的疏忽大意导致其持有的商业秘密泄露。数据存储媒介的丢失或被盗即是内部人被动泄密的主要情形之一。除此之外，还有以下情形：

内部人为取得业务上的承认，或者忽视了披露的后果，而将有关技术信息公开出版，不经意中泄露了商业秘密。

在没有适当保护措施的情况下，内部人将产品或工艺的信息提供给供应商或客户，在无意中泄露了商业秘密。

3. 外部人窃密

外部人窃密是商业秘密泄露的另一重要途径。外部人窃密往往采取收买内部人等策略，例如：

（1）收买内部人策略

①许诺收买。许以重金及丰厚生活条件，与掌握企业商业秘密核心层管理人员、技术人员拉关系，套取商业秘密或复印技术图纸、营销计划等文件资料。

②曲线借道。利用高层管理人员出差、观光、考察的愉快心理或松懈心理，选定合适人选与其接近，得到商业秘密。

③搜集分析垃圾。以捡垃圾为名，搜集被商业秘密权利人废弃的、未加碎纸处理或销毁的涉密资料、样品等，加以综合分析整理。在我国，这种做法似乎没有问题，但国外有的城市就不行，比如美国芝加哥，其法律禁止从垃圾桶内偷取任何物品。

④设置胁迫陷阱。抓住高层管理或技术人员的一些把柄，迫其合作，源源不断地窃取企业商业秘密。

⑤收买兼职人员。“星期天工程师”业余兼职，泄露技术攻关难点、核心专业技术图纸、工艺诀窍等，被高薪聘用或有偿高额获取。

⑥直接精确收买。先行掌握现任高级管理和技术人员、中下层干部、熟练操作工人或技工、保安人员名单、地址、联系电话，有的放矢地进行贿赂、收买、刺探，获取商业秘密。

⑦借助离退休人员。联络公司离、退职者，有偿聘请或有偿获取商业秘密。

（2）直接刺探策略

①短期刺探方式。派人打入内部从事临时性工作，利用所见所闻和接触商业秘密的机会，刺探一定范围内的商业秘密。

②长期埋伏策略。具有技术或营销策略策划专长的委派人员被竞争对手聘用，获取重大商业秘密。

（3）偷梁换柱策略

①虚假采访。以新闻采访为幌子，以记者的特殊身份采访掌握并采取商业秘密保护措施企业，套取情报，有的企业会毫无保留地赠送涉密文件资料。

②虚假联营。采取联营方式，进行技术、销售合作，借机窃取秘密。

③虚假接受技术使用许可。其真正意图是通过洽谈，摸清对方技术底牌。

④虚假意向合同。以签订有较大幅度优惠合同为诱饵，在谈判中或考察生产条件、能力过程中获取商业秘密。

⑤虚假座谈。借助参观、考察机会，与有关技术，经营人员座谈，设法套取商业秘密。

⑥虚假交流。在各种学会、协会等有关会议上发出诱导性提问，套取经济情报。

⑦虚假招聘。采取公开招聘或向被选定的职员发出聘用意愿，在与其面谈或要求阅示相关资料时窃取商业秘密，其实质并非真正聘请。

例如，卡夫公司面对的“变色龙”间谍。2002 年，美国食品业巨头卡夫公司控告某竞争对手试图偷窃该公司一款新研制的比萨饼的商业机密。事实上，双方争夺的是冷冻比萨饼价值 17.5 亿美元的市场。卡夫公司声称，施万公司雇用了双重间谍和私人侦探来挖掘卡夫公司“越来越脆的”冷冻比萨饼的秘密。并称，私人侦探马克•巴里伪装成记者、食品研究人员和卡夫公司的经理，以骗取此信息。

（4）假道伐虢策略

①借权手段。利用海关、商检等行政执法人员掌握进出口企业报送、商检商业秘密的职权，通过帮忙、利诱等方式窃取进出口企业报送、商检的商业秘密。

例如，猎头公司兼任间谍。如今使用猎头公司的人越来越多，但要警惕一个新问题：某些猎头公司为迎合部分客户的要求，以其广大的人脉为后盾，兼职当上“商业间谍”，代为刺探对手企业情报。

②借助第三方。雇佣第三方，物色代理人，获取专有制造技术或其他商业秘密，了解在职人员名单、工资发放数额、工资发放的计件形式、生产品种、规格等，进行综合评析，获取商业秘密。

③借势政府。借助政府官员，在政府官员的陪同下进行参观、考察、学习，从而获得商业秘密。

（5）“间谍”策略

①网络渗透。以先进的技术进入计算机网络或信息库进行窃密以及在网上突破

企业防火墙，非法进入企业计算机信息系统窃取企业商业秘密。

②勾结复印打字社。与企业定点的复印、打字社勾结，搜集涉密的、有意或无意废弃的复印件或打印校对件。

③偷拍。用微型照相机、摄像机摄制厂区、生产区、设备、工艺流程、文件等，尤其是在进入智能手机时代后，拍摄更成为随时随地、防不胜防的事情。

④窃听。以小型、灵敏、精密的窃听器等仪器进行窃听。

⑤破译。用先进的无线电设备监听电话、手机，拦截和破译电报、电邮、传真等电子信息内容。

⑥盗窃。直接偷窃生产设备标牌、工艺流程操作图、日计划表、设计草图、样品、文件、秘密材料等。

⑦抢劫。组织抢劫，目标主要是笔记本电脑、设有密级的技术文件资料、产品样品等。

（二）互联网时代的信息泄密途径

1. 电子邮件

对于相对较小的数据文件来说，电子邮件是最简单的传输方法。员工可能使用公司的邮件将信息发送到个人或是同事的邮箱账户。此外，Web 邮箱（网页邮箱）可以被用来访问个人的邮箱账户并且邮寄数据给其他账户。当然， 数据可能需要发送给别的目标如某个国家，所以邮件服务能再次用于直接给目标发送数据，或是通过个人邮箱账户发送给目标国家或有组织的罪犯。

2. 文件传输协议（FTP）

FTP 是在 TCP/IP 网络和 Internet 上最早使用的协议之一，它属于网络协议组的应用层。FTP 客户机可以给服务器发出命令来下载文件、上传文件、创建或改变服务器上的目录。窃取的数据可以上传到由员工或目标罪犯建立的某个 FTP 站点。对于更大的文件，这是最佳的方法。

3. 可移动媒介

随着可移动媒体设备的普及，这成为从雇主系统中带走数据最容易的方法。USB 驱动器、CD/DVD 烧录器、移动硬盘、内存卡、便携式音乐播放器甚至于手机都能用来拷贝信息并带出办公室。偷偷使用物理存储意味着信息可能被邮寄给员工或

者其他窃密者。

4. 移动设备

下载信息到公司配备的便携电脑或是员工自己的智能手机、平板电脑或其他移动设备上，也是一种拷贝数据并且带走商业秘密的手段。

5. 远程访问

远程访问公司的网络是另一种访问网络以便窃取信息的方式。例如，在CISO（首席信息安全官）分配的某项任务中，一名员工在自己家里搭建SSH服务器，能够远程连接到公司网络，或是反向连接到其服务器以便带走数据。

（三）非法获取商业秘密的主要行为

非法窃取他人商业秘密主要分两类，一类是以不正当手段获取，一类是因违反保密义务而窃取。具体来说，侵犯商业权的行为有以下几种：

（1）以盗窃、利诱、胁迫或其他不正当手段获取权利人商业秘密的行为；

（2）披露、使用或者允许他人使用以前项手段获取的权利人的商业秘密；

（3）违反约定或违反权利人有关保守商业秘密的要求。使用或允许他人使用其所掌握的商业秘密，比如，负有保密义务的人采取不正当手段，私自复制图纸或保密文件，私自掌握不属于工作、业务范围内的信息；

（4）明知或应知前述违法行为，获取、使用或者披露他人商业秘密的行为。

（四）商业情报合法获取途径

1. 通过查询工商资料获得；
2. 从丢弃的“废品”中获得；
3. 从不负有保密责任的第三方获得；
4. 通过新闻发布获得；
5. 从鉴定会获得；
6. 从目标企业的招聘广告中获取；
7. 通过调查访问与实地考察获取；

8. 从企业案例研讨会上获得；
9. 提炼公开资料获得；
10. 通过互联网获取；
11. 通过企业产品和宣传资料获得；
12. 通过购买技术异地获取；
13. 通过招投标获取；
14. 从专利文献中获取；
15. 从法律诉讼和听证会获取；
16. 从权利人或受让人自动释放出的商业秘密中获取。

八、奖惩措施

公司员工泄露或者非法使用商业秘密，应根据其情节轻重及造成的经济损失大小给予相应处理或经济处罚，情节较重或者给公司造成较大损失的，应当依法追究相关法律责任，涉嫌犯罪的，依法移送司法机关处理。

第十章　保密管理与防范技能常识

一、保密管理知识

（一）保密管理的定义、特征与基本要求

1. 定义

保密管理，是指对涉密人员、涉密载体、涉密场所、涉密事项等进行管理的活动。

2. 特征

（1）保密管理的主体

保密管理主体主要分为两类：保密行政管理部门和保密工作机构。

（2）保密管理的对象

保密管理对象是机关、单位、社会组织机构以及个人产生或持有的国家秘密、实施的涉密行为等。

（3）保密管理的行为

保密管理是一种具体管理行为，既包括内部保密管理行为，如保密工作机构对本机关、本单位涉密人员的保密管理等，又包括外部保密管理行为，如保密行政管理部门对社会组织机构的保密资格管理等。

（4）保密管理的目的

保密管理采取积极防范、突出重点、依法管理的方针，达到既确保国家秘密安全，又便利于信息资源合理利用的目的。

3. 保密管理的基本要求

（1）党管保密

党对保密工作的直接领导是由党的性质和执政地位决定的，党在各个历史时期，都把保密工作放在关乎党生死存亡的重要地位。党对保密工作的直接领导还是由保密工作内容和范围决定的。保密工作涉及政治、经济、文化、科技、军事、外交等

多个领域，必须由党统一领导，才能更好地凝聚各方面力量，协调各部门工作，形成合力，确保国家的政治安全、军事安全、经济安全、外交安全、信息安全和文化安全。

在实际工作中，党的直接领导主要体现在充分发挥党的政治优势和组织优势，全面制定和落实党对保密工作的一系列重大方针政策，把握方向、总揽全局，宏观决策、有效监督，充分发挥坚强的组织领导作用。

党对保密工作的直接领导是通过党的方针政策和党管保密的专门组织——保密委员会实现的。

（2）依法行政

保密依法行政，是指各级保密行政管理部门及其工作人员，为维护国家安全和利益，依据保密法律、法规、规章和规范性所进行的行政行为。《中华人民共和国保守国家秘密法》第六条规定：“国家机关和涉及国家秘密的单位管理本机关和本单位的保密工作。中央国家机关在其职权范围内，主管或者指导本系统的保密工作。”

保密工作是党和国家的一项重要工作。依法管理国家秘密是执政党依法执政的重要内容。

（3）保放结合

保放结合，是指在开展保密工作时，要正确处理保密与公开的关系，做到保核心、保重点。要“保”，就必须有一定的限制，但限制措施必须是合理合法的；要“放”，也必须是合理合法的，嫋变和开展业务工作的需要，按照法定程序，该解密的解密，该扩大知悉范围的扩大知悉范围，必须对外提供的，按规定经过批准后及时对外提供，但又不能使国家秘密泄露给不应知悉的人员。总之，要做到该保的保住，绝不能借口便利工作或只图方便而使国家秘密处于无安全保障的状态；要做到该放的放开，不能因保密影响业务工作，该交流的一定要及时交流。

（4）综合防范

综合防范，是指综合运用多种手段，积极主动地把工作做到前头，“防患于未然”，尽一切努力消除泄密隐患，堵塞泄密漏洞，防止泄密事件的发生。

“综合防范”重在防范。各单位在开展保密工作时，应当把工作的立足点和着力点放在防范上。一旦发生泄密事件，要在积极认真开展查处工作的同时，尽快采取补救措施，将危害和损失降至最低程度。

“综合防范”的抓手是综合。要想使防范工作真正起好作用，有好效果，必须综合运用多种手段。如加强保密宣传教育，切实筑牢保守国家秘密的思想防线；建立健全保密法规和行之有效的保密规章制度，确保保密工作有法可依、有法必依、执法必严、违法必究；不断提高保密技术防护能力；不断强化日常保密管理和保密监督检查，切实提高发现和查处泄密隐患、泄密事件的能力；积极针对新形势、新情况、新问题，组织开展调查研究，不断总结、推广保密工作的经验与做法等。

（二）涉密载体管理保密

1. 涉密载体

涉密载体，是指以文字、数据、符号、图形、图像、声音等方式记载国家秘密信息的纸介质、光介质、电磁介质等各类物品

纸介质涉密载体是指传统的纸质涉密文件、资料、书刊、图纸等。

光介质涉密载体是指利用激光原理写入和读取涉密信息的存储介质，包括CD、VCD、DVD等各类光盘。

电磁介质涉密载体包括电子介质和磁介质两种。电子介质涉密载体，是指利用电子原理写入和读取涉密信息的存储介质，包括各类U盘、移动硬盘等；磁介质涉密载体，是指利用磁原理写入和读取涉密信息的存储介质，包括硬磁盘、软磁盘、磁带等。

密品是直接含有国家秘密信息的设备、产品等。这种设备、产品有的可以通过外观观察获得国家秘密信息，有的则需要通过一定手段进行测试或者相关数据资料分析获得国家秘密信息。

国家秘密载体的生命周期包括制作、收发、传递、使用、复制、保存、销毁等保密管理环节。

2. 涉密载体的制作

（1）制作涉密载体，应当在本单位内部或保密行政管理部门审查批准的定点单位进行。制作涉密载体的场所须符合保密要求。

（2）制作涉密载体，应当标明密级和保密期限，注明发放范围、制作数量及编号。

（3）制作过程中形成的纸件，包括文件、资料的草稿、废稿、废页等，应当妥善保管。不需要保存的，应当及时销毁。

3. 涉密载体收发、传递

（1）收发涉密载体应当由专人负责并履行清点、编号、登记、签收手续。

（2）传递涉密载体，应当包装密封；载体的信封或者袋牌上应当标明密级、编号和收发件单位名称。

（3）传递涉密载体，应当通过机要交通、机要通信或者指派专人进行，不得

通过普通邮政或非邮政渠道传递；向公司驻外机构或港澳地区传递国家秘密载体，应当按照有关规定履行审批手续，并通过外交部外交信使传递。

（4）禁止在普通传真机上发送涉密文件。绝密级文件只能通过国家专用密码设备传递；机密级及以下涉密文件可通过经国家有关机构批准，由公司统一配置安装的普通密码传真设备传递。

（5）严禁通过普通电话、即时通信工具等非保密通信设备谈论涉密信息，禁止通过手机短信、互联网电子邮件发送涉密信息。发现他人违反保密规定时应予以制止。

4. 涉密载体使用

（1）接收涉密载体后，应当按照制发单位的要求，确定知悉人员范围。任何单位和个人不得擅自扩大涉密事项的知悉范围。

（2）阅读和使用涉密载体，应当办理登记、签收手续，在符合保密要求的办公场所进行，不得将涉密载体带回家中或带到公共场所。确需在办公场所以外阅读和使用的，应当遵守有关保密规定。

（3）借阅涉密载体应履行审批手续。所借阅涉密载体必须按期归还，到期仍需使用的应办理续借手续；涉密载体管理部门对逾期不还的涉密载体，应及时催还。

（4）因工作需要携带国家秘密载体外出，必须履行审批手续，采取保密措施。携带秘密级载体外出由部门领导批准；携带机密级载体外出由单位分管领导批准；携带绝密级载体外出由单位主管保密工作的领导批准，并有二人以上同行。

（5）因工作需要向有关部门（单位）提供涉密载体，应履行审批手续。

①严禁对外提供绝密级国家秘密，确需提供的，由密级确定单位或者上级单位批准。

②提供机密级、秘密级载体，经单位保密办公室审核、分管领导同意后，由主管保密工作领导批准。

③提供核心商业秘密载体，经单位保密办公室审核，由分管领导批准。

④提供普通商业秘密和工作秘密载体，由分管领导批准，并提交单位保密办公室备案。

⑤经批准向有关部门提供涉密载体，应当与接收部门签订保密协议书，明确对方应承担的保密责任和义务。

（6）外出参加会议（活动）携带的涉密载体，返回后，应立即送交本单位机要部门进行登记保管。

（7）禁止在非保密记录本上记录国家秘密内容；禁止擅自复制、摘录、摘抄涉密文件、资料内容。

5. 涉密载体复制

（1）涉密载体原则上不允许复制。确因工作需要复制，应履行审批手续。

①复制绝密级载体，应当经密级确定单位或者上级单位批准。

②复制机密级载体，应当经本单位主管保密工作的领导批准。

③复制秘密级载体，应当经本单位分管领导批准。

④复制核心商业秘密载体，应当经本单位分管领导批准。

⑤复制普通商业秘密和工作秘密载体，应当经本部门领导批准。

（2）复制涉密载体，不得改变其密级、保密期限和知悉范围。

（3）涉密载体复制完毕后，机要室应对复制份数、复制件密级标识等进行核对，并逐份登记，加盖复制单位戳记，标明复制部门、编号和时间。涉密载体复制件视同原件管理。

（4）复制涉密载体，应当在机关、单位内部或在保密行政管理部门审查批准的定点单位进行。委托具有涉密资质的企业、事业单位从事涉密载体复制，应当与其签订保密协议，提出保密要求，采取保密措施。

6. 涉密载体保存

（1）涉密载体应当存放在密码文件柜中。绝密级载体应当存放在密码保险柜中，由专人管理。

（2）工作人员离开办公场所，应当将涉密载体存放在保密设备中，并严密关锁门窗。

（3）应当定期对涉密载体进行清查、核对和登记，需归档的要及时归档保存，需清退的应及时如数清退，任何单位和个人不得自行留存。检查中发现问题要及时向有关部门报告。

（4）涉密载体的归档，按照国家有关档案管理规定执行。

7. 涉密载体销毁

（1）涉密载体除正在使用或者按照有关规定留存、存档外，应及时予以销毁。涉密载体的销毁工作，要严格按照国家和公司相关规定执行。销毁复制件，应按正式涉密载体的方式处理。

（2）涉密载体销毁要履行清点、登记手续，报本单位主管保密工作的领导审核批准后，由本单位负责文件销毁的部门派专人送交保密行政管理部门指定的销毁工作机构或承销单位销毁。单位自行销毁的，应严格执行国家有关保密规定和标准。暂时不能销毁的涉密载体要存放在符合安全保密要求的专门场所。

（3）商业秘密和工作秘密载体销毁工作参照国家秘密载体销毁要求进行。

（4）禁止任何单位和个人未经批准私自销毁涉密载体；禁止非法捐赠或者转送涉密载体；禁止将涉密载体作为废品出售；禁止将涉密载体送交未经保密行政管理部门指定的单位销毁。

（三）保密要害部门、部位管理保密

（1）保密要害部门，是指公司在日常工作中产生、传递、使用和管理绝密级国家秘密事项或涉及较多机密级、秘密级国家秘密事项和企业秘密的内设机构。

保密要害部位，是指公司内部集中制作、存储、保管国家秘密载体或企业秘密载体的专用、独立、固定场所。

（2）保密要害部门、部位应当加强人防、技防、物防等安全防范措施，根据实际需要安装电子监控、防盗、报警等保密安全装置。

（3）保密要害部门、部位工作人员和工勤人员应当经过审查和保密教育培训，签订《保密承诺书》，并定期进行在岗保密教育培训和考核。

（4）非授权人员进入保密要害部门、部位应当履行审批、登记程序。经批准进入保密要害部门、部位时，应当有专人接送和全程陪同。

（5）未经批准，不得将具有无线通信功能的设备和具备拍摄、录音等功能的电子设备带入保密要害部门、部位。严禁将手机带入保密要害部门、部位。

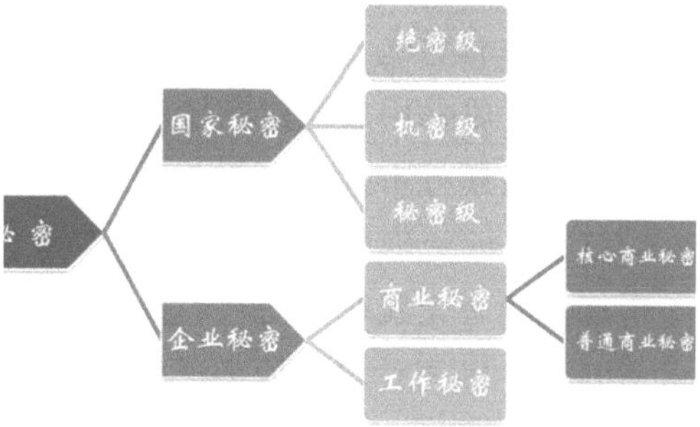

（四）信息系统、信息设备和存储设备管理保密

（1）信息系统、信息设备和存储设备，是指公司在日常工作中配备和使用的各类应用系统、服务器、计算机、网络设备、外部设施设备、存储介质、办公自动

化设备、声像设备和安全保密产品。

（2）在未采取防护措施的情况下，严禁在涉密信息系统、涉密信息设备和涉密存储设备与互联网及其他公共信息网络之间进行信息交换。

（3）严禁使用非涉密信息系统、非涉密信息设备和非涉密存储设备存储、处理、传输国家秘密、商业秘密和工作秘密信息。

（4）未经安全技术处理，严禁将退出使用的涉密信息设备、涉密存储设备赠送、出售、丢弃或者改作其他用途。

（5）严禁擅自卸载、修改涉密信息系统、涉密信息设备和涉密存储设备的安全技术程序、管理程序。

（6）信息设备和存储设备应当根据存储、处理、传输信息的最高密级确定涉密等级和责任人，并按规定程序进行变更和调整。

（7）使用单位应当建立信息系统、信息设备和存储设备台账，做到信息要素完整、账物相符。涉密信息系统、涉密信息设备和涉密存储设备应当实行全生命周期管理。

（8）信息设备、存储设备应当具有标识，标识的信息要素应当完整，涉密的标明密级，非涉密的标明用途并粘贴保密提醒；涉密信息设备和涉密存储设备中存储的涉密信息应当具有密级标志。

（9）涉密信息设备和存储设备携带外出应当履行审批程序，带出前和带回时应当进行保密检查，外出期间应当按照保密要求管理和使用。

（10）涉密信息系统、涉密信息设备和涉密存储设备应当按照规定程序进行维修和报废。维修中应当对存储过涉密信息的硬件和固件采取有效的管控措施，对外来维修人员履行审批程序并全程旁站陪同。

（11）涉密信息系统、涉密信息设备和涉密存储设备，不得具有无线通信功能，不得连接具有无线通信功能的设备。

（12）涉密计算机应当严格按照国家保密标准和管理规定设置口令。处理秘密级信息的计算机，口令长度不少于八位，更换周期不超过一个月；处理机密级信息的计算机，应当采用IC卡或USBKey与口令相结合的方式，且口令长度不少于四位，如用口令方式，长度不少于十位，更换周期不超过一周；处理绝密级信息的计算机，应当采用生理特征（如指纹、虹膜）等强身份鉴别方式。

（五）新闻宣传管理保密

（1）公司所有对外宣传报道、展览、展示均不得涉及国家秘密、商业秘密和工作秘密。宣传报道、展览、展示内容的审核工作按照公司有关规定执行。

（2）公司各类信息网站发布信息，均不得涉及国家秘密、商业秘密和工作秘密。公司信息内网、信息外网及自办媒体，应严格履行保密检查制度，严防失泄密事件发生。

（3）公司公开发布信息和对外宣传提供资料，严格遵循“谁公开、谁审查”原则，相关单位应当严格执行有关信息公开规定和保密规定，履行信息公开审查审批手续。

（4）公司员工通过刊物、新闻媒体、国际互联网、学术交流等形式公开发表稿件时，凡涉及公司业务工作的或对是否涉密等界限不清的，必须经保密工作机构审查。

（六）涉外会议和活动管理保密

（1）涉密会议、活动应当按照“谁主办、谁负责”的原则进行管理，明确涉密会议、活动保密管理职责。

（2）根据涉密程度不同，涉密会议、活动可分为三级：绝密级、机密级和秘密级。其中，涉及绝密级和机密级内容的会议、活动称为重大涉密会议、活动。涉密会议、活动的密级应当根据《国家秘密及其密级具体范围的规定》及会议、活动的主题、内容或文件、资料涉及国家秘密的最高密级确定。

（3）涉密会议、活动主办单位应当根据会议、活动涉密程度和工作需要，确定参加人员范围，审核参加人员资格，登记参加人员姓名、单位、职务等情况，并保存相关材料。

（4）涉密会议、活动主办单位应当严格执行国家有关保密管理规定，对涉密会议、活动使用或形成的涉密文件、资料及其他涉密载体，在制作、分发、存放、回收、销毁等各个环节落实保密管理措施。

（5）涉密会议、活动应当在符合保密要求的场所进行，使用的扩音、录音等电子设施、设备应当经安全保密检查检测，携带、使用录音、录像设备应当经主办单位批准。不得使用手机、对讲机、无绳电话、无线话筒、无线键盘、无线网卡等无线设备或装置，不得使用不具备保密条件的电视电话会议系统。

（6）涉密会议、活动主办单位应当对参加人员（含列席人员及工作、服务人员）进行保密教育，要求参加人员妥善管理涉密文件 、资料和其他涉密载体，不得擅自记录、摘抄、录音和摄像，不得擅自复印涉密文件、资料等。

（7）涉密会议、活动应当严格采访报道的保密审查，接受采访或公开报道应当经过批准，凡涉密信息未经有关主管部门审批，不得公开宣传报道。

对是否涉密界定不清的，应当逐级报有权确定该事项密级的上级机关或保密行政管理部门审查确定。

二、保密防范常识

（一）信息和存储设备防护技术

1. 涉密计算机防护技术

（1）涉密计算机应当采取符合国家保密标准的身份鉴别、访问授权、违规外联监控、移动存储介质使用管控等安全保密措施。

（2）涉密计算机病毒防护产品应当选用公安机关批准的国产产品，并及时更新升级。

（3）涉密计算机所在场所应采取相关的电磁泄漏发射防护措施。

（4）涉密计算机中的数据加密设备和加密措施必须是经国家密码管理局批准的加密设备和加密措施。

（5）涉密计算机不得使用无线网卡、无线鼠标、无线键盘等具有无线互联功能的设备。

（6）个人不得擅自卸载、安装、修改涉密计算机安全保密防护软件和设备。

2. 涉密计算机维修和销毁

（1）涉密计算机及相关设备维修，应当在单位内部现场进行，并指定专人全程监督，严禁维修人员读取和复制涉密信息；确需送外维修的，应当拆除涉密信息存储部件。

（2）涉密计算机及相关设备不再用于处理涉密信息或报废时，应当将涉密信息存储部件拆除或及时销毁；涉密信息存储部件的销毁必须按照涉密载体销毁保密管理要求进行。

（3）不得将未经保密安全技术处理的退出使用的涉密计算机赠送、出售、丢弃或改作其他用途。

3. 涉密移动存储介质保密管理

（1）涉密移动存储介质实行统一采购、登记、标识、配备。应当建立健全涉密移动存储介质使用保密管理档案，进行动态管理。

（2）购买涉密移动存储介质，不得公开招标，应当按照涉密采购的规定办理，在国家主管部门批准的范围内，采取邀标、竞争性谈判、单一来源采购和询价等方式进行。

（3）涉密移动存储介质不得在非涉密信息系统中使用；不得在涉密信息系统和非涉密信息系统间交叉使用。

（4）严禁使用涉密移动存储介质从互联网或非涉密计算机向涉密信息系统复制数据。

（5）涉密移动存储介质的维修、报废和销毁应参照涉密计算机相关保密管理规定。

4. 涉密信息系统使用保密管理要求

（1）系统使用人员应当接受涉密网络保密知识和技能培训。

（2）系统使用人员、管理人员签订《保密承诺书》。

（3）统一采购、登记、标识、配备信息设备，严格使用、维修、报废等环节的保密管理。

（4）依据岗位职责和涉密程度，按照最高密级防护和最小授权管理原则，控制国家秘密信息的知悉范围。

（5）严格规范文件打印、存储介质使用等行为，严格信息输出、管控。

（6）定期对用户登录、访问、下载等操作的审计日志进行综合分析，及时发现违规或异常行为，并采取相应的处置措施。

（7）将互联网及其他公共信息网络上的数据复制到涉密网络，应采取病毒查杀、单向导入等防护措施。

（8）指定系统管理员、安全保密管理员、安全审计员，分别负责系统运行维护、安全保密管理和安全审计工作，并实行持证上岗。

（9）配合保密行政管理部门对涉密网络所涉及的场所、环境进行异常电磁信号检测，并采取相应的防护措施。

（10）涉密信息系统建设和运行维护采用外包服务的，应当选择具有相应涉密信息系统集成资质的单位，签订保密协议，严格保密管理措施。

5. 非涉密网络保密管理

（1）互联网等公共信息网络必须与涉密网络实行物理隔离。

（2）坚持源头控制，确保“上非涉密网络的信息不涉密”和“涉密信息不上非涉密网络”。

（3）建立互联网接入审批和登记制度，严格控制互联网接入数量和接入终端数量。

（4）建立健全信息发布审批制度，指定专门机构和人员负责拟发布信息的保密审查，并建立审查记录档案；保密审查应坚持一事一审、全面审查，确保公开发布的信息不涉及国家秘密，并综合分析信息关联性，防止因数据汇聚涉及国家秘密。

（5）指定机构和人员负责本单位门户网站的信息发布、留言评论、博客信息等的保密管理，发现涉及国家秘密的信息，应当立即删除，并向同级保密行政管理部门报告。

（6）严禁通过互联网等公共信息网络办理涉密业务或者存储、处理、传递国家秘密。

6. 普通手机使用保密管理

（1）不得在手机通信中涉及国家秘密。

（2）不得在手机上存储、处理、传输国家秘密信息。

（3）不得将手机连接涉密信息系统、信息设备或者载体。

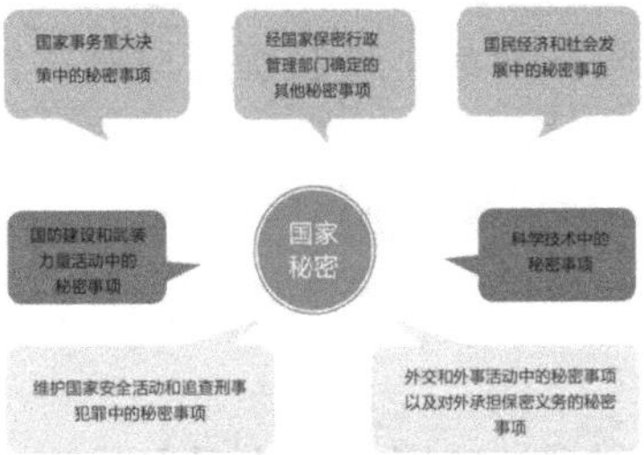

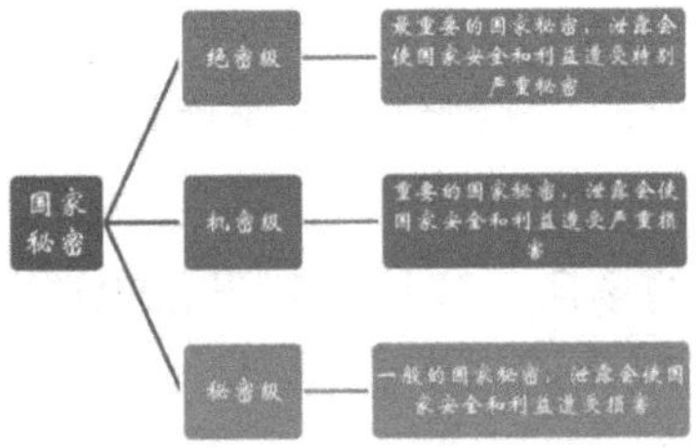

（4）不得在手机上存储核心涉密信息人员的工作单位、职务、红机电话号码等敏感信息。

（5）不得在涉密公务活动中开启和使用手机位置服务功能。

（6）在申请手机号码、注册手机邮箱或者开通其他功能时，不得填写禁止公开的涉密单位名称和地址信息等。

（7）不得使用未经国家电信管理部门进网许可的手机。

（8）不得使用境外机构、境外人员赠送的手机。

（9）不得将手机带入保密要害部位、涉密会议和活动场所。

（10）不得在保密要害部门使用手机。

（11）不得在使用涉密信息设备的场所使用手机进行视频通话、拍照、上网、录音和录像。

（12）不得使用商用加密手机谈论以及存储、处理、传输国家秘密信息。

7. 普通电话、传真使用保密管理

（1）明码、明语通信严禁涉及保密事项。

（2）向国外或港澳台地区拨打电话、拍明码电报、发传真，不得涉及国家秘密。

（3）严禁使用明码、明语电话、电报或文件的形式回复、传递、传真或互相转发涉密电报的内容。

8. **保密电话、传真使用保密管理**

（1）保密电话、传真使用应严格遵守保密管理规定，并制定详细管理办法，指定专人负责。

（2）保密电话机应符合国家保密标准并具有国家保密行政管理部门颁发的进网许可证。

（3）严禁使用无绳电话机。

（4）保密电话、传真安装应符合保密要害部门、部位的保密要求，加装防盗报警装置，严禁无关人员进入。

（5）保密电话、传真主要用于涉及国家秘密、敏感事项通话和文字、图片传输，无关人员不得擅自使用。

（6）保密电话、传真一旦安装，不得随意改变安装位置。

（7）传真涉密信息，必须使用国家密码管理部门批准使用的保密传真机。

（8）经保密传真机收发的文件要认真履行登记、签收手续，与相同密级文件一起管理、归档，不需要归档的密传文件，按年度清理，经单位领导批准后统一交涉密载体销毁机构销毁。

（9）保密传真机发生故障或出现异常现象，要送研制单位或当地党政密码维修机构维修，操作使用人员不得擅自拆卸机器。

（10）保密传真机密钥由国家保密局统一制发，严禁自行复制；密钥必须存放在专用保险柜内，指定专门人员负责管理和交换；用过和作废的密钥，应及时报请领导登记销毁。

9. **录音、录像设备使用保密管理**

（1）未经批准，涉密会议不准录音、录像。

（2）涉密会议的录音、录像载体，应按相应密级的文件、资料管理。

（3）严禁在涉密场所连接互联网的信息设备上配备、安装和使用摄像头等视频、音频输入设备。

10. **复印机使用保密管理**

（1）复印机应当明密分开，非涉密复印机不得复印涉密文件、资料。

（2）涉密复印机应置于符合保密要求的场所，指定专人管理，不得与互联网等公共信息网络相连接。

（3）启用涉密复印机前，应当进行保密技术检测。

（4）复印国家秘密文件、资料，应建立严格的审批登记手续并在机要室或指定的涉密复印机上复印；机密级、秘密级文件、资料的复印，单位主管领导要严格控制数量，并将复制件视同原件管理。

（5）复印涉密文件、资料等，须即送即印，履行签收手续。

（6）复印涉密文件、资料过程中产生的不合格和多余件必须及时销毁。

（7）处理涉密信息的复印机应当在单位内部进行维修，并有专人现场监督，严禁维修人员擅自读取或拷贝存储信息。

（8）涉密复印机确需外送维修的，应当拆除信息存储部件（硬盘）或进行专业销密。

（9）涉密复印机存储部件出现故障如不能保证安全保密的，应按照涉密载体销毁要求予以销毁。

11. 打印机、扫描仪使用保密管理

（1）非涉密打印机、扫描仪不得打印、扫描涉密文件、资料。

（2）涉密打印机、扫描仪不得与互联网等公共信息网络连接；不得与涉密计算机之间采用无线连接方式。

（3）涉密打印机、扫描仪硬件维修须消除硬盘数据并送具有保密资质的维修店维修。

（4）涉密文件、资料的扫描，应按保密管理规定履行相应审批程序。

（5）使用涉密打印机、扫描仪打印、扫描涉密文件、资料，应做好打印、扫描登记，打印、扫描输出的涉密文件、资料，应按照相应密级进行管理，废页应及时销毁。

12. 多功能一体机保密管理

（1）非涉密多功能一体机不得处理、传输涉密信息。

（2）非涉密多功能一体机不得连接涉密计算机及接入涉密信息系统。

（3）涉密多功能一体机不得与公共通信网络连接，或与其他非涉密计算机共享。

（4）处理涉密多功能一体机报废的硒鼓等耗材配件时，应按照有关保密规定视同涉密存储介质进行销毁。

13. 碎纸机等办公设备保密管理

（1）碎纸机应尽可能使用合格的国产产品，如选用国外产品，投入使用前应进行安全保密检测。

（2）保密要害部门、部位使用的涉密碎纸机等办公设备，在使用前应进行安全保密检测。

（3）个人碎纸机不得用于销毁国家秘密文件、资料。

（4）淘汰、报废涉密办公自动化设备应进行清点登记，经机关、单位主管领导批准后，按有关保密规定进行销毁。

（二）信息网络安全“十不干”

（1）责任书未签订的不干；
（2）设备未备案的不干；
（3）安全加固未落实的不干；
（4）“一机两用”的不干；
（5）连接无线设备的不干；
（6）邮件含敏感字的不干；
（7）连非安全存储介质的不干；
（8）违规存储涉密文件的不干；
（9）辨识标签未粘贴的不干；
（10）私自送外维修的不干。

（三）相关泄密案例

（1）涉密计算机及网络直接或间接接入互联网及其他公共网络，可能被境外情报机构植入“木马”窃密程序进行窃密。

（2）U盘等移动存储介质在非涉密计算机上使用时，有可能被植入“木马”窃密程序。当这个移动存储介质又在涉密计算机上使用时，“木马”窃密程序会自动复制到涉密计算机中，并将涉密计算机中的涉密信息打包存储到移动存储介质上。当移动存储介质再次接入到连接互联网的计算机上时，涉密信息就会被自动发往境外情报机构控制的特定主机上，造成泄密。

（3）涉密计算机使用无线鼠标、无线键盘等无线外围设备，涉密信息会随无线信号在空中传递，极易被他人截获，造成泄密。

案例：2008年10月，有关部门在对某涉密单位进行保密技术检查时，利用专用检查设备截获到该单位的重要涉密信息。通过排查发现，工作人员张某违规将无线键盘用于涉密计算机，造成键盘录入的涉密信息发射出去。张某受到行政警告处分。

（4）将涉密计算机及移动存储介质通过普通邮寄渠道寄运或违规交由他人使用、保管，会使涉密载体失去有效的保密防护，存在泄密隐患。

案例：2008 年 3 月，某集团公司工作人员张某将存有涉密文件资料的移动硬盘交由同事王某使用，王某擅自将该硬盘中存储的涉密文件资料复制到连接互联网的计算机和移动硬盘中，造成泄密。张某、王某受到开除党籍、开除公职处分。

（5）手机具有网络定位功能，带入重要涉密场所易暴露涉密目标。手机在重要涉密场所处于通话状态时，会同时将周围的语音信息传输出去。被安装了窃听软件的手机，即使关机或待机，也可在无振铃、无屏幕显示的情况下转为通话状态，成为一部窃听器。

案例：2008 年 11 月，某部门在召开重要涉密会议时，会议内容被有关部门进行例行保密技术巡查时接收，经核查，发现参会人员王某违规将手机带入会场，该手机在王某不知情的情况下被启动，将会议内容传输出去，王某受到行政警告处分。

（6）存有涉密信息的计算机及移动存储介质、传真机、复印机等办公自动化设备，是重要的涉密载体，擅自交由外部人员维修，可能会使存储的涉密信息失控。

案例：2007 年 6 月，某集团公司计算机管理员王某，请销售公司派人上门维修一台涉密计算机，维修人员将该机硬盘带走维修，造成涉密硬盘存储的涉密信息失控。王某受到行政记大过处分。

（7）涉密计算机等办公自动化设备中的涉密信息被简单删除或格式化处理后，仍可以通过技术手段恢复。因此，办公设备未经专业销密就擅自处理，存在严重泄密隐患。

案例：2008 年 11 月，某部门在更新办公设备时，将一批旧计算机卖给旧货市场，导致计算机内存储的大量内部敏感信息失控。直接责任人张某受到行政警告处分，负有领导责任的李某受到通报批评。

第十一章 保密检查技术

一、保密检查概述

（一）保密检查的概念

保密检查，是保密行政管理部门和保密工作机构依据《中华人民共和国保守国家秘密法》赋予的职责，按照特定工作程序，采用一定的方法和手段，组织调查了解机关、单位贯彻落实党和国家保密工作方针政策和法律法规，检验查看有关行为规范是否符合保密规定的一种行政监督或内部管理活动。

1. 检查的主体

保密检查主体是保密检查的组织者和实施者，一般是指开展保密检查的保密行政管理部门和机关、单位保密工作机构。

2. 检查依据

保密检查的依据主要是党和国家关于保密工作的方针政策、工作部署、保密法律法规和规章制度等。

3. 检查目的

保密检查的目的是督促单位贯彻落实保密法律法规，加强保密管理，及时发现泄密隐患，堵塞漏洞，完善保密防护措施，提高防护能力，确保党和国家秘密安全。

4. 检查对象

根据检查事项和范围，保密检查对象为党政机关、涉及国家秘密的单位和人员。

5. 检查内容

保密检查主要对单位和人员遵守保密法律法规和规章制度的情况进行检查。检查内容一般由保密检查组织者根据一个时期保密工作的中心任务和实际工作需要，通过制定检查项目、检查目录或指标进行细化。

6. 检查属性

保密行政管理部门开展的保密检查具有行政监督性质，单位开展的保密检查属于内部管理活动。

（二）保密检查的原则

1. 依法履职

依法履职，是指保密检查要依法履行职责，正确适用法律规定。保密法第四十二条对保密行政管理部门依法组织开展保密检查作出规定，第四十四、四十五条规定了保密检查发现违规违法行为的处置措施。依法履职具体包括以下四点：一是保密检查是保密法赋予保密部门的一项重要职权；二是检查范围和内容要符合法律法规规定；三是对检查中发现严重违反保密法律法规行为所涉及的设施设备要依法处置；四是对检查中发现的问题要严格依法查处和追究责任。

2. 突出重点

突出重点，是保密工作的基本方针，也是保密检查必须坚持的原则，特别是在当前保密工作面临的形势十分严峻的情况下，必须集中力量，突出重点，解决突出问题，确保党和国家核心秘密安全。一是把服从服务党和国家中心工作作为重点；二是把关系政治、经济、外交、国防等战略性、全局性核心国家秘密作为重点；三是把重点区域、重点领域、重点涉密单位和涉密人员作为重点；四是把发生重大泄密事件的单位，以及工作中容易发生泄密的薄弱环节作为重点。

3. 严格标准

严格标准，是指实施保密检查过程中必须严格执行有关保密法律法规制度标准。一是检查依据标准要严格。单位保密工作各方面情况是否符合有关规定和要求，要严格按照检查标准进行判断；二是现场整改标准要严格。对检查中发现的问题，应当场指出、立即纠正，不迁就、不遮掩、不变通；三是问责标准要严格。对发生泄密和严重违反保密法律法规行为的，要依法依纪严肃处理，不以批评教育代替党纪政纪处理，不以经济处罚代替行政处分。

4. 注重实效

保密检查应当注重效果，避免流于形式、走过场，避免虎头蛇尾、有头无尾，确保检查取得实效。

（三）检查要求

1. 经常化

保密检查经常化，是建立健全检查长效机制的关键环节。

2. 规范化

保密检查规范化，是促进保密检查工作科学发展的基础前提。

3. 专业化

保密检查专业化，是不断提升保密检查质量的重要保证。

（四）保密检查的地位和作用

1. 保密检查的地位

（1）保密检查是党管保密的重要手段；

（2）保密检查是保密管理体系的重要内容；

（3）保密检查是单位落实保密工作责任制的重要抓手；

（4）保密检查是保密行政管理部门的重要职责。

2. 保密检查的作用

（1）以查促教；

（2）以查促改；

（3）以查促防；

（4）以查促管。

二、保密检查的依据、分类和内容

（一）保密检查的依据

（1）保密法律法规；

（2）保密规章和国家保密标准；

（3）上级机关相关文件要求。

（二）保密检查的分类

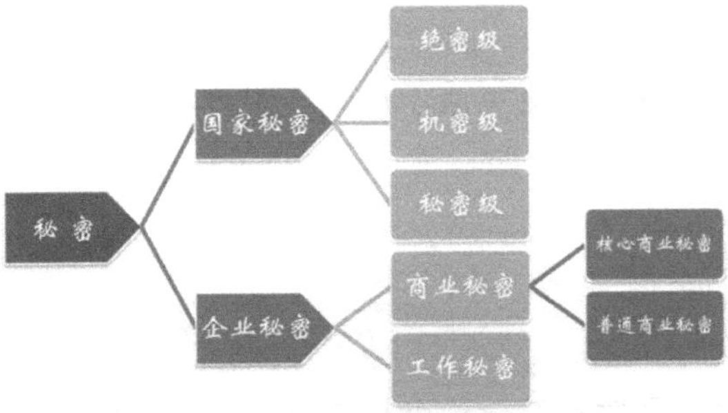

1. 全面检查和专项检查

根据检查内容的不同，可以将保密检查分为全面检查和专项检查。全面检查，是指检查内容为两项以上的检查，如对保密工作整体情况的考核和检查，就包括保密工作责任制落实情况、保密制度建设情况、保密宣传教育培训工作情况、涉密人员管理情况等多项检查。专项检查，是指检查内容为特定一项，或者对某个行业的专题检查，如对定密工作开展的检查，对保密普法情况的检查。对某个行业的专题检查，也称作专项检查，但检查内容涉及制度建设、定密、教育、管理等多方面。

2. 人工检查和技术检查

根据检查手段的不同，可以将保密检查分为人工检查和技术检查。人工检查，是指不需要采取技术手段，由检查人员通过查阅资料、听取汇报、询问工作人员等方式进行的检查，如对定密的检查、对保密制度建设情况的检查、对涉密人员管理情况的检查等。技术检查，是指使用保密技术检查装备和手段，对网络、设施、设备和场所等进行的检查，如对信息系统和信息设备的保密检查。

3. 单位自查和上级抽查

根据检查主体的不同，可以将保密检查分为单位自查和上级抽查。单位自查，是指根据上级安排部署或本单位工作计划进行的检查。单位应当定期对本单位保密工作情况进行自查，及时发现问题，杜绝泄密隐患。上级抽查，是指保密行政管理部门或主管部门根据有关工作安排，对单位进行的保密检查。

4. 现场检查和远程检查

根据检查方式不同，可以将保密检查分为现场检查和远程检查。现场检查，是指检查人员到受检单位进行的检查。日前进行的保密检查大多是现场检查，如对定密工作、保密制度建设情况、涉密人员管理情况的检查。远程检查，是指检查人员不到受检单位现场，而是在其他工作场所，利用网络技术监管平台或其他技术手段，通过远程方式进行的检查，如互联网门户网站涉密信息检查。

（三）保密检查的内容

（1）保密工作责任制落实情况；
（2）保密制度建设情况；
（3）保密宣传教育培训情况；
（4）涉密人员管理情况；
（5）定密工作开展情况；
（6）国家秘密载体管理情况；
（7）信息系统、信息设备和存储设备管理情况；
（8）涉密场所及保密要害部门、部位保密管理情况；
（9）涉密会议、活动管理情况；
（10）新闻宣传报道工作保密管理情况；
（11）保密检查工作开展情况；
（12）违反保密法律法规和规章制度行为查处情况；
（13）保密组织机构建设及人员配备情况；
（14）保密工作档案建立情况。

三、保密检查的组织实施

（一）检查准备

制定保密工作方案或检查计划通知，包括检查组成员、检查时间、检查范围、检查依据、检查内容、检查方法、检查程序和相关要求等内容。同时，配备检查工具并召开检查组成员会议，明确检查注意事项和相关要求。

（二）检查实施

（1）现场检查；
（2）反馈结果；
（3）检查总结；

（4.）立卷归档。

（三）督促整改

（1）整改；
（2）验证。

四、《×××× 公司保密检查工作规定》相关要求

（一）目的

为贯彻落实中央保密委员会、国家保密局、国资委保密委员会关于保密检查的相关要求，有效提升 ×××× 公司（以下简称公司）保密检查制度化、标准化、精细化管理水平。

（二）依据

《中华人民共和国保守国家秘密法》、《中华人民共和国网络安全法》、国家保密局《机关、单位保密自查自评工作规则（试行）》、国家保密局《保密检查工作规定》以及《公司保密管理相关规章制度》。

（三）原则

公司保密检查实行标准统一、分级管理的原则，各级单位按照统一的程序、内容与标准组织保密检查。上级单位应对下级单位检查工作进行考核评价。检查结果及评价应纳入业绩考核与对标。

（四）方针

依法依规、标准统一、重点突出、注重实效。

（五）职责分工

保密检查由公司各级保密办在保密委的领导下实施开展。

1. 公司保密办检查工作职责

（1）制定公司保密检查工作规章制度、工作规范以及考核评价标准；
（2）组织开展公司系统保密检查工作，通报检查结果并进行考核评价；

（3）督查各级单位保密检查工作，对各级单位自查、检查工作情况及其问题整改情况进行考核评价；

（4）负责公司保密检查专业队伍建设；

（5）定期组织开展保密检查业务培训；

（6）指导公司系统各单位保密检查工作。

2. 各级单位保密办检查工作职责

（1）制定本单位保密检查工作管理细则；

（2）制定本单位保密检查工作计划；

（3）积极配合上级单位的保密检查工作，落实上级单位保密检查工作部署，结合本单位实际组织开展保密自查；

（4）向上级单位推荐保密检查专业人才，负责本单位保密检查队伍建设，开展相关培训；

（5）督查所属单位保密检查工作，对其工作情况及整改情况进行考核评价。

（六）组织实施

1. 检查单位根据需要组建保密检查组，负责实施指定的检查任务

（1）检查单位应在检查工作总体方案中明确检查组组长及成员，人数不少于三人。

（2）对参与检查人员应进行资格审查，原则上应从公司保密检查专家、各单位保密业务管理人员和保密技术支撑人员中选派，检查人员应在上级单位或同级保密管理部门业务培训中取得检查资格证书。

（3）检查组实行组长负责制，下设管理组和技术组，具体职责如下。

检查组组长：

①全面负责检查工作的组织协调与落实，协助选定检查组成员；

②牵头编制现场检查工作方案；

③组织召开检查组会议；

④明确管理组和技术组成员分工及任务；

⑤协调现场检查活动；

⑥牵头编写检查报告；

⑦向检查单位报告检查工作中的重要事项和其他情况；

⑧完成检查单位交办的其他工作任务。

管理组：

①检查受检单位保密管理工作记录与台账资料；

②编写分工范围内检查结果报告；

③完成组长交办的其他工作任务。

技术组：

①检查保密要害部门、部位现场硬件设施及其管理情况；

②检查涉密网络反涉密设备应用维护情况；

③检查办公设备保密管理情况；

④编写分工范围内检查结果报告；

⑤完成组长交办的其他工作任务。

2. 保密检查类型主要包括自查自评、全面检查（含互查）、专项检查、督查等

（1）各级保密办每年应至少开展一次自查自评工作。

（2）全面检查（含互查）由各级保密办组织，检查范围要求覆盖所有下属单位、所有业务、所有人员。全面检查可以结合年度保密自查自评工作同步开展，也可以根据实际需要自行开展，每年应至少开展一次。

（3）专项检查由各级保密办根据工作需要，针对保密业务中的一项或几项业务实施，检查次数由各级保密办根据工作需要确定，可以依据工作计划开展，也可以随机实施。

（4）保密督查由公司各级保密办负责实施，主要针对所属单位保密检查工作以及问题整改情况等进行监督检查。

3. 保密检查方式主要包括书面检查、现场检查和远程检查

（1）书面检查指受检单位按照检查单位要求的格式、内容目录、时限等报送本单位检查工作书面汇报材料（含电子版），由检查单位进行审核并评价。

（2）现场检查是指由检查单位指定检查组赴受检单位现场开展检查，并将相关检查结果书面汇报检查单位。检查异地单位应提前三天通知受检单位；检查本地单位应提前一天通知受检单位。

（3）远程检查是指检查单位利用现有保密管理信息系统、网络检查工具等对受检单位相关保密管理情况实时进行远程查看及检查。

4. 检查单位或检查组可根据检查工作实际需要单独采用一种检查方式，或将多种检查方式灵活搭配使用

（七）检查内容

（1）具体检查内容见《保密工作领导责任落实情况检查表》（见附录一）。

（2）对网络、设施、设备和场所等进行保密检查，应当运用必要的保密技术手段，主要包括：涉密计算机检查技术、非涉密计算机及其网络检查技术、互联网及其他公共信息网络检查技术、移动存储介质检查技术、通信和办公自动化设备检查技术、涉密场所环境检查技术等。

（3）保密技术检查工具，应当符合国家规定和标准，经国家保密管理部门授权的机构检测通过。

（八）检查程序

（1）检查单位应编制下发《保密检查工作总体方案》；根据工作需要成立检查组，指定检查组组长，并确定检查组成员。

（2）检查组组长提前组织检查组成员召开会议，开展必要的业务培训，明确目标要求、检查重点、人员分工、步骤方法、时间安排、纪律要求等，提前熟悉受检单位相关工作情况。

（3）检查组组长应提前向受检单位发送《检查工作通知》，受检单位接到《检查工作通知》后应立即组织开展必要的迎检准备工作，对照《受检单位保密迎检台账资料目录》整理完善迎检台账、配备现场迎检配合人员等。

（4）现场检查应首先召开检查见面会，参加人员包括检查组全体成员、受检单位保密办负责人员及迎检配合人员等。见面会由检查组组长主持，议程包括简要听取受检单位工作汇报、宣布检查分组安排与工作任务、提出检查工作要求、向受检单位提交《保密现场检查纪律反馈表》等。会议时间原则上不超过六小时。

（5）管理组负责迎检台账资料的审阅，可根据需要查看受检单位协同办公系统、相关信息管理系统，开展现场访谈等，对照《现场检查评价表》逐项记录检查结果。

（6）技术组负责现场查看受检单位保密要害部门、部位的内部环境、硬件设施及其应用管理情况；负责办公计算机及自动化设备现场抽查工作。技术组应在见面会结束后当场提出拟抽查办公设备的岗位名单，数量不少于四台。受检单位现场配合人员应及时陪同技术组成员赴指定部门、指定岗位对办公计算机及自动化设备进行检查，并协助做好检查结果的签字确认。

（7）检查中发现违规或存在泄密隐患的问题，检查人员可以查阅相关材料、询问人员、记录情况，并向检查单位报告；对有关设施、场所和文件资料，应责令采取必要措施，停止使用并登记保存；对问题设备应下发《问题设备交接及封存单》，移交检查单位进一步核查处理，期间应妥善保管好待移交设备。

（8）现场检查结束后，检查组组长应组织召开碰头会，汇总检查原始记录，总结检查结果，研究填写《现场检查意见书》。意见书中认定的问题应明确责任人姓名和所在部门、岗位以及问题等级。

（9）碰头会后，应召开检查反馈会，由检查组组长向受检单位反馈检查总体评价及检查专家意见，双方现场确认有关事项。

（10）检查结束后，检查组应在检查单位规定的时限要求内向检查单位提交《保密检查报告》。

（九）检查结果

对照《现场检查评价表》，现场检查结果分为“优秀”“合格”“不合格”三个等级：

（1）《现场评价表》内 24 条（及以上）检查内容符合要求，且未发现否决项类问题，可以评定为检查结果“优秀”。

（2）《现场评价表》内 20 ～ 23 条检查内容符合要求，且未发现否决项类问题，可以评定为检查结果“合格”；

（3）《现场评价表》内检查内容符合要求项不足 20 项，且出现否决项类问题，评定为检查结果“不合格”。

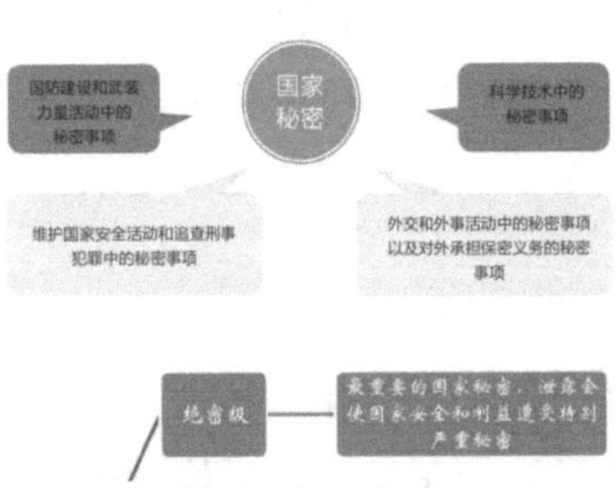

对于现场检查中发现的违规问题（隐患），按照严重性以及泄露后可能对公司造成损害的程度，应分为Ⅰ类、Ⅱ类、Ⅲ类问题，具体如下：

（1）Ⅰ类问题：指一旦出现可能对公司利益造成严重影响或损害的问题（隐患）；

（2）Ⅱ类问题：指一旦出现可能对公司利益造成较大影响或损害的问题（隐患）；

（3）Ⅲ类问题：指一旦出现可能会对公司利益造成一定影响或损害的问题（隐患）。

现场检查过程中发现以下事项之一，视为“否决项”，直接评定为“不合格”：

（1）国家秘密载体或设备保管不当，发生失泄密事件；

（2）涉密计算机接入互联网及其他公共信息网络；

（3）在涉密信息设备和非涉密信息设备之间交叉使用移动存储介质；

（4）在非涉密计算机中存储、处理和传输国家秘密信息；

（5）违规公开涉及国家秘密的信息，造成不良后果或影响；

（6）违规通过互联网传输发送公司重要核心商密资料，并造成不良后果或影响；

（7）存在《中华人民共和国保守国家秘密法》第四十八条规定的其他行为。

（十）督促整改

（1）检查单位应在收到《保密检查报告》后十个工作日内向需要整改的单位出具《保密检查整改通知》，明确整改内容和期限；有违反保密法律法规行为的，应当提出处理建议。

（2）受检单位收到检查单位《保密检查整改通知》后应制定整改措施，认真组织开展整改或处理工作，并在检查单位规定的时间范围内报送《保密检查整改意见落实情况报告》；对违反保密法律法规的情况，应当依纪依法予以处理，并专门书面报告有关情况。

（3）检查整改结束后，检查单位应当及时下发检查结果通报。

（4）对存在严重泄密隐患造成发生泄密事件的受检单位，检查单位应当在督促其整改后适时组织复查，检查整改落实情况。

（5）检查结束后，检查单位和受检单位应当及时总结并整理相关工作材料。

（十一）责任追究

受检单位及其工作人员有下列情形之一的，检查单位应当予以批评并责令其立即改正；情节严重的，对直接负责的主管人员和其他直接责任人员依纪依规给予处分。

（1）发生泄密案件不按规定报告或者采取补救措施的；

（2）包庇泄密和其他严重违反保密法律法规行为，不按要求进行处理的；

（3）不予配合，弄虚作假，隐匿、销毁证据，或者以其他方式逃避、妨碍保密检查的；

（4）擅自清除泄密和其他严重违反保密法律法规行为信息证据的；

（5）无故拖延整改或者拒不整改的；

（6）继续使用已经责令停止使用的设施、设备和场所的。

检查人员在检查工作中有下列行为之一的，检查单位应当予以批评并责令其立即改正；情节严重的，依纪依规给予处分。

（1）违规透露检查工作重要敏感信息的；

（2）私自留存、下载、复制受检单位涉密信息或者其他与检查工作无关的敏感信息的；

（3）擅自改变受检单位的设施、设备或者添加与检查工作无关的恶意程序的；

（4）违反“入项规定”，违规收取受检单位和人员馈赠的；

（5）未严格履行检查工作职责或者玩忽职守、徇私舞弊等。

受检单位发现检查人员在保密检查中有违纪违法行为的，可向检查单位举报。检查单位应在接到举报后对有关情况进行调查处理，并出具调查处理意见。

第十二章　如何做一名合格的保密干部

一、保密干部的概念

保密干部，是依照保密法律规定，履行保密管理职责，组织开展保密工作的人员，包括各级保密委员会组成人员和各级保密行政管理部门、保密工作机构的专兼职工作人员。

各级保密干部是做好保密工作的基本力量，担负着保护国家秘密安全、维护国家安全和利益的重大政治责任。保密干部是党和国家保密工作路线、方针、政策和法律法规的坚定执行者。毛泽东同志曾经指出："政治路线确定之后，干部就是决定的因素。"党和国家的保密工作路线确定以后，必须依靠保密干部贯彻落实。保密干部既是执行党的保密工作路线的组织者，又是党的保密工作路线的宣传者，还是正确执行党的保密工作路线的监督者和检查者。保密干部是依法行政的具体实施者。依法管理国家秘密是依法治国、建设社会主义法治国家的必然要求。在新的历史条件下，保密法进一步强化了保密行政管理职能，对保密依法行政提出了新的更高要求。保密干部作为依法管理国家秘密的主体，作为保密法律法规的执行者和维护者，自身依法行政的能力和水平，直接决定着保密依法行政的水平，对于维护保密法的严肃性、权威性和公正性具有决定性的影响。保密干部是国家安全和利益的重要维护者。国家秘密安全直接关系国家安全和利益，是国家信息安全的基础，是国家政治、经济、国防、外交安全的重要保障，保密干部则是维护国家安全的重要力量。在新形势下，保密工作在党和国家工作大局中地位更加重要、作用更加突出，保密工作者在维护国家安全和利益的伟大事业中承担着重要职责，发挥着举足轻重的作用。

二、合格保密干部的总体要求

（一）在思想政治方面做到政治强

一是必须始终坚定共产主义远大理想和中国特色社会主义信念，自觉筑牢思想防线；二是必须始终坚守政治操守，坚定政治立场，不断提高政治鉴别力和洞察力，在大是大非面前始终保持正确的政治方向；三是必须始终坚持国家安全和利益高于一切，以国家安全和利益为重，在大局面前敢于坚持原则，绝不能为个人利益患得患失；四是必须始终坚持政治理论学习，提高政治修养，以自研的政治素质努力做好保密工作。

（二）在业务能力方面做到业务精

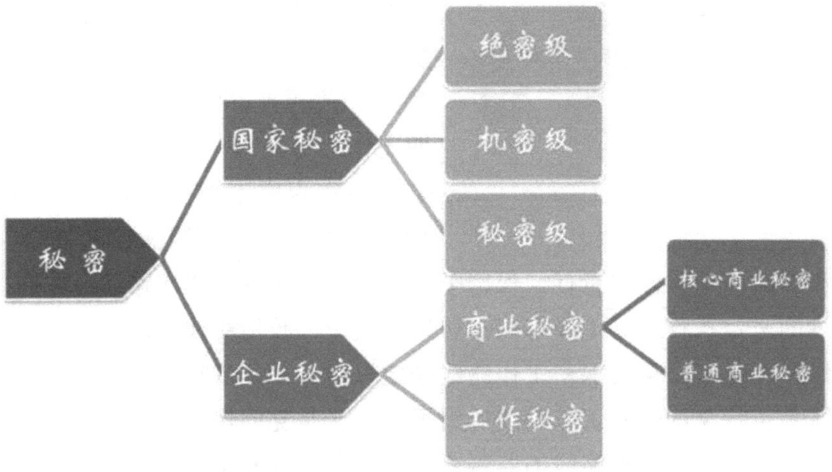

保密工作是一门科学，保密干部只有具备专业、优秀的业务能力，才能为做好保密工作打牢基础。

一是更新思想观念，牢固树立保密工作科学化和专业化的理念，明确保密工作是专门性工作、专业性工作，需要专业化的知识、技能；二是完善专业知识体系，努力学习和掌握保密法制、保密管理、保密科技等方面的专业知识和技能，形成合理的保密专业知识结构和体系；三是深入钻研保密业务，从各项具体保密工作入手，提高发现问题、研究问题和解决问题的能力，善于在工作中深化认识、总结经验、探索规律。同时，不断研究保密工作的新情况、新问题，提出新思路、新举措，作出新成绩、新贡献。

（三）在工作作风方面做到作风正

要做好保密工作，就要有过硬的作风。一是有过细的工作态度。细节决定成败，这在保密工作上体现得很充分，保密工作每个环节都出不得半点差错，出了错无可挽回。细心、细致、细密，这是每个保密干部都要时刻牢记的工作态度。二是有真抓实干的劲头。工作靠抓，事业靠干，坚持真抓实干是促进保密事业科学发展的关键所在。保密干部要干出一番事业，就必须始终保持真抓实干的劲头，真心真意地抓，实实在在地干，不弄虚作假，不夸夸其谈，埋头实干，务求实效。三是有自省自律的精神。当前，敌对势力的政治渗透由外围转向核心，或金钱收买、物质利诱，或色情勾引、威逼就范，或攀拉关系、感情拉拢，都是利用人性的弱点和贪欲下手。保密干部必须坚持自省自律，把人生蓝图设计好，把发展方向校正好，把做人原则坚持好，把生活情趣培养好，自觉净化工作圈、生活圈和娱乐圈。坚决不与来路不明的人交往，严防跌入敌人设下的陷阱而不能自拔。

（四）在组织纪律方面做到纪律严

“没有规矩，不成方圆。”严明的纪律是保密干部队伍战斗力的重要源泉，是促进保密事业科学发展的重要保证。保密干部严守纪律，一是增强纪律观念。严明的纪律是完成各项工作任务的重要保证，保密干部要把纪律当成不能跨越的“雷池”，当成不可触碰的“高压线”，不断强化纪律意识和纪律观念。二是遵守保密法纪。保密法纪是开展保密工作的基本依据，保密干部要认真落实保密法纪的各项要求，严格按照保密法纪办事，规范执法行为，确保正确行使保密法纪赋予的规章制定、检查查处、行政审批等各项职权。三是坚决同违反保密法纪的行为作斗争。在工作中，保密干部必须坚决维护保密法纪权威，督促机关、单位服从保密管理，接受监督检查，对各类隐患问题坚决整治纠正，对违法违纪行为严肃查处。

三、合格保密领导干部的要求

作为保密工作的组织者和管理者，保密领导干部除了必须符合一般保密干部的基本要求外，还必须符合以下要求：

（一）保密领导干部要善谋全局

“不谋全局者，不足以谋一域；不谋万世者，不足以谋一时。”保密领导干部肩负着贯彻落实党的保密工作路线的重任，是否具备驾驭全局能力和驾驭全局的能力强弱，直接影响保密事业的科学发展与否。保密领导干部要牢固树立大局意识和大局观念，坚持在大局下思考、在大局下行动，要努力做到宏观在胸，把握全局；要善于顺势而谋，善于以宽阔的眼界在全局工作中找准自己的坐标和定位，善于以更宽广的视野、更长远的眼光、更系统的思维谋划工作、处理问题；要牢牢抓住那些“牵一发而动全身、下一子而活全局”的重点工作和关键环节，采取关键举措，着力突破全局。

（二）保密领导干部要精通管理

保密部门不直接掌密、管密，主要是督促指导机关、单位按照统一要求、统一标准做好保密工作。保密部门的职责重在指导管理。保密领导干部要学会管理，成为管理的行家里手。要掌握现代管理科学和领导科学的理论和方法，学会计划、组织、决策、指挥、协调这一整套本领，并了解古典管理理论、行为科学理论和现代西方管理学流派，运用现代管理科学的理论来指导工作，不断提高管理水平。

（三）保密领导干部要带好队伍

队伍强则事业兴。带好队伍是保密领导干部的分内之事、当尽之责。要抓好班子，配齐配强领导班子，优化班子结构，做到事事有人管、人人有专责；要拥有“正人先正己”的魄力和底气，时时处处严格要求自己，身体力行地做出表率，以模范行为影响人、感召人、带动人；要坚持严格要求、严格教育、严格管理、严格监督，坚决防止失之于宽、失之于软的现象，使保密干部不敢懈怠、不敢腐败、不敢专权、不敢失责；要始终把引进和培养人才放在心上、抓在手上，甘于做打基础、利长远的事，着力造就一支思想过硬、素质过硬、作风过硬的干部队伍，为保密工作的顺利推进和保密事业的科学开展提供强有力的人才保证和智力支持。

四、保密干部应当具备的职业精神

（一）严谨细致

《道德经》讲：“天下大事必作于细。”保密工作的性质要求我们必须努力发扬严谨细致的工作作风，养成一丝不苟的工作习惯。一是高度负责。做到接受一项工作，要把自己作为第一责任人，树立“自己就是最后一道关口”的理念，不懈怠、不推诿、不折腾。二是严格标准。做到高标准、严要求，追求“没有最好，只有更好”的工作理念，强化精品意识，对待任何一项工作，都要做到不敷衍、不偷懒、不应付，坚决杜绝政治性差错，力争零差错。三是注重细节。细节决定成败，细节体现精神，制订工作计划要细致周密，对每一阶段的工作要做到心中有数；对每天上班要做的工作要了然于胸，养成深思熟虑的习惯；对交办的工作，要考虑到每一个细枝末节。四是严守程序。开展工作、处理问题、待人接物，都必须依法、合规、按章办事，确保各项工作符合程序规定，落实规则要求，只有紧而又紧、细而又细，才能既确保工作效果，又注重工作效率。

（二）埋头实干

反对空谈、强调实干、注重落实，既是工作态度、工作能力，也体现工作作风、工作形象，必须牢固树立党的宗旨意识和正确政绩观。做事情、干工作，如果做到了上有利于国家、下有利于人民，既维护党和国家秘密安全，又促进信息的合理利用，既为科学发展提供服务保障，又实现保密工作自身的科学发展，那就做出了党和人民所需要的真正成绩。埋头实干必须具有知难而进、锲而不舍的奋斗精神。抓落实，一定要善始善终，防止虎头蛇尾，目标确定了，任务明晰了，就要咬定青山不放松，不达目的不罢休。埋头实干必须发扬实事求是、求真务实的优良作风。抓落实的重心一定要放在保密工作的服务对象上，不能习惯于坐机关、发指示、高高在上，而必须真正深入工作实际、深入保密领域解决具体问题。

（三）清正廉洁

“公生明，廉生威。”清、正、廉、能、洁的队伍才有公信力、凝聚力和战斗力。一要政治清醒。政治上清醒，是对保密干部第一位的要求。一个干部政治上犯糊涂，工作上、廉洁上是很难不出问题的。因此，要把保持政治上的清醒与坚定、提高政治敏锐性和政治鉴别力，作为提高保密干部能力素质的首要任务和核心内容。二要正气在身。把讲正气、有原则作为保密干部思想政治建设的重要任务，坚持做人要正派、办事要公正、从政要走正道。三要为政以廉。常修为政之德、常怀律己之心、常思贪欲之害，用党纪国法严格约束自己，守住信念防线、道德防线、法纪防线和做人底线，坚决反对用公权牟取私利。四要洁身自好。廉与洁不可分割，陷入腐败深渊的干部，绝大多数是从不能洁身自好开始的。保密干部要按照“讲党性、重品行、作表率”的要求，把好欲望关、交友关、兴趣关，自觉培养健康生活情趣，保持高尚精神追求。

（四）团结和谐

团结是干事业的基础，和谐是事业发展的保证，保密系统每位干部都要倍加珍惜团结，带头维护团结。团结，不是无原则的团结，而是在工作中为了共同事业、基于共同目标的团结。做到团结，必须坚持大事讲原则、小事讲风格，互相尊重、互相支持；坚持大气做人、开阔心胸，严于律己、宽以待人，珍惜共事缘分；坚持周而不比、正直坦荡，及时化解不团结的因素；必须认真发扬民主，调动所有成员的工作积极性，确保思想统一、步调一致，努力创造齐心协力抓落实，群策群力保安全、保发展的良好局面。

五、保密干部应当具备的素质能力

（一）大兴学习之风

2010年2月，中共中央办公厅印发的《关于推进学习型党组织建设的意见》指出：“无论是一个国家、一个民族还是一个政党，如果不加强学习、不提高学习能力，势必落后于时代。各级党组织和广大党员干部必须切实增强学习的紧迫感和自觉性，更加重视和善于学习，努力掌握和运用一切科学的新思想、新知识、新经验，顺应时代发展，实现知识的不断更新。”随着形势任务变化和保密工作自身发展，保密工作的系统性、科学性、专业性越来越强。作为保密干部，必须重视学习、善于学习，不断钻研保密业务，不断完善自身知识体系，不断深化对保密工作规律的认识，努力提高做好新形势下保密工作的能力。

1. 更新学习理念

一方面，树立“终身学习”的理念。保密工作是一门快速发展的学科。随着信息技术的发展和形势的变化，保密工作的内涵不断深化，外延不断扩充。作为保密干部，必须把学习作为安身立命之道来追求，作为履职尽责的第一需要来践行，作为生活常态来坚持，信奉“没有终点、只有起点”“没有毕业、只有毕生”，始终保持学而不厌、学而不止的旺盛学习热情，不断优化知识结构，加快知识更新，紧跟形势变化步伐，用新思路、新方法处理保密工作面临的新情况、新问题。另一方面，必须树立“边学习边实践”的理念。保密工作是一门实实在在的学科，任何知识都要应用到实际工作中去。在学习中思考，在思考中形成思路，在工作中深化认识，在不断实践中再学习、再认识、再深化，不断提高思维层次和工作能力。以工作任务为主体，围绕有效履行职责深化学习；以重点难点问题为牵引，在解决问题中提高能力素质；以实践锻炼为基础，在工作实践中摔打成长。

2. 改进学习方法

一方面，坚持“博”与“专”的统一。保密工作是一门综合性很强的学科，只有善于“博学”，开阔思路眼界，广泛学习政治、法律、科技等各方面知识，才能全面了解各项保密业务的特点和规律，用全局性的眼光思考问题。与此同时，要有所专攻，在拓宽知识面的同时，坚持干什么学什么、缺什么补什么，有针对性地掌握履行岗位职责必备的各种知识，熟练掌握业务本领，努力使自己真正成为行家里手。另一方面，坚持“读”与“思”的统一。思考是学习的灵魂，是理论联系实际的桥梁，是知识变成力量的途径。坚持带着问题读书，联系实际思考，力求把零散的变为系统的、孤立的变为相互联系的、粗浅的变为精深的、感性的变为理性的，真正在思考中领悟真谛、把握规律、辨明是非，提高认识问题和解决问题的能力。

3. 提高学习质量

首先，要身心投入钻进去学。学习这条道路上，只有潜心才能专注，只有专注才能学有所成，绝没有其他捷径可走。坚持“钻进书本”，反复读、仔细品、系统学，切实领悟实质。把握精髓、融会贯通。其次，要持之以恒不间断学。学习是一个由浅入深、循序渐进的过程，不仅要挤要钻，更要长期坚持，日积月累，以毛泽东同志所倡导的“坚持数年必有好处”的韧劲，锲而不舍，执着苦学；见缝插针，化整为零，抓住一切可学之机，学习一切有用知识，积少成多，厚积薄发。最后，要淡泊名利静下心学。名利思想过重，就没有心思学习，要自觉排除干扰，把学习作为缓解工作压力、陶冶性情的一剂良药，努力钻研、勤奋学习，这样才能使自己的工作获得绵绵不绝的智力和精神支撑。

（二）注重调查研究

调查研究是马克思主义政党所倡导的基本工作方法，是贯彻党的思想路线和群众路线、保证科学决策与实现正确领导的基本前提，是机关工作的基本方法之一。毛泽东同志指出：“没有调研就没有发言权。”对于保密工作，调查研究更为重要。

保密工作涉及国民经济和社会发展方方面面，不同的行业领域、不同的单位性质、不同的机关层级，面临的客观情况和重点难点问题都不相同。做好保密工作，只有依靠调查研究掌握实际情况，工作思路才能对路，工作方法才能有效。因此，调查研究是做好保密工作的重要基础，是各级保密干部掌握情况、分析处理问题的基础和前提。

1. 明确调查研究目标和任务

要围绕保密工作战略性、政策性、基础性、症结性问题，深入开展调查研究，在摸清情况、底数，找准风险隐患的基础上，找出有效管用的解决办法，并使之上升为工作制度和政策法规。

一方面，紧扣推进科学决策。科学决策首先要解决的问题是决策的针对性，就是要厘清一项决策究竟要解决什么问题和为什么要解决这个问题；某一决策的实际可操作性有多强，实施成本与政策收益是否具有比较效益；某一决策会不会产生尚未预料的负面效应等。这些都是决策的前提性问题，只有经过深入细致有效的调查研究才有可能解决。另一方面，紧扣汲取实践智慧。随着形势发展，保密工作面临许多新情况、新问题，需要用新的办法、新的举措去切实解决。必须通过调查研究，广泛听取基层一线部门提出来的好意见和好建议，认真学习实践中摸索试验出来的新办法和新思路，在此基础上形成科学的政策和科学的制度，推动保密工作迈入科学发展的轨道。

2. 掌握调查研究方法

做好调查研究工作，必须掌握调查研究的基本方法，并通过调查研究努力认清客观现实、把握规律。第一，要了解真实。真实性是调查研究的生命。任何调查研究都是为了了解客观实际，为了发现问题、认识问题、分析问题和解决问题，在这个过程中掌握事物发生发展变化的规律。第二，要把握全面。要想让调查研究了解到的情况是真实的，还要站在全局的高度去把握全面。要认真调研问题的方方面面，不能浅尝辄止、有失偏颇。第三，要保持客观。调查研究是一种主观性色彩很强烈的行为，但调查研究又力求主观性，调研者是“观察者”“裁判者”，不是“当事人”“运动员”。在调研过程中切忌主观意志，要避免先入之见，不能带着结论去调研。

调查研究中，既要注意战略性、政策性问题，加强顶层设计的战略规划，也要注意基础性、操作性问题，从细节入手，落到实处。

3. 提高调查研究能力

调查研究是一项综合性工作。搞好调查研究，必须提高三个方面的素质和能力。一是政治理论素养。必须具有较高的政治素质、思想素质和深厚的理论功底，能运用党的基本路线、政策、理论去研究问题，能运用保密工作的基本规律去分析问题。只有这样，才能确保调查研究的准确性、科学性。二是沟通协作能力。必须学会理解人，对调研对象始终保持信任与尊重，善于创造环境、营造气氛，引导调研对象敢说话、说真话。只有这样，才能了解到真实的情况，实现调查研究的目的。三是扎实的文字写作功底。要有一定的提炼和写作基本功，调查研究后，写出高质量的报告，体现和反映调查研究工作的成果。

（三）善于组织协调

协调，是指事物各种要素存在的一种和谐且平衡的状态，也指人们在共事过程中同心协力、配合默契的行为。保密工作涉及方方面面，保密部门既接受党委及其办公室的领导，又对业务部门实施监督管理，对外要组织协调相关职能部门开展工作，需要良好的沟通协调能力。做好保密工作，必须重视协调系统内外资源，提高沟通协调能力，使党管保密的政治优势和组织优势转化为推动保密工作的强大动力和实际成效。

1. 争取领导重视

领导的重视程度，直接决定保密工作的力度和效果。积极争取领导保密工作的理解、关心和支持，至关重要。既需要从大处着眼，主动把保密工作放在服务保障经济社会发展的大局中去考虑和谋划，主动站在领导的角度和立场思考、建议和处理问题；又需要从小处着手，善于抓住机遇、营造氛围，积极向领导汇报保密工作情况，全力抓好领导批办的重点工作的落实。

2. 善于协调各方

保密工作是各项涉密业务工作顺利开展的重要保证。保密干部必须努力推动保密工作与业务工作同研究、同部署、同落实，对涉及面广、协调难度大的一些重要工作，及时协调相关各方，推动贯彻落实。比如，在《保密承诺书》签订、窃密泄密案例警示教育展等工作中，只有通过有力的组织协调，才能及时研究解决工作中遇到的重要问题，有力推动工作开展。

3. 讲求协调方法

保密干部在工作中要掌握“协调艺术”。既要善于“硬协调”，坚持原则，严格按照法律法规和规章制度办事；又要善于“软协调”，顾全大局、谦虚谨慎，耐心细致、方法得当；同时，注意发挥好牵头抓总作用，善于借用外力外脑，善于“借船出海、搭台唱戏”，善于互相学习、互相借鉴，有效整合政策资源、技术资源和人才资源，统筹兼顾、综合施策，形成推动保密事业发展的强大合力。

（四）狠抓执行落实

“三分战略，七分执行。”提高执行能力是推动经济社会发展的关键，是形势发展的要求，是成就事业的需要。邓小平同志说过：“世界上的事情都是干出来的，不干，半点马克思主义都没有。”这说明，制度再好、决策再好、思路再好，没有强有力的执行都是纸上谈兵；缺乏执行能力，计划就会打折、机会就会丧失。保密工作的经验告诉我们，只有真抓实干，保密工作才能真正赢得尊重，保密部门才能真正赢得权威，保密事业才能真正赢得发展。当前，保密工作的形势更加严峻、任务更加繁重、要求更加严格，必须发扬求真务实的精神，按照中央保密委员会的工作部署，不断强化执行意识，着力打造过硬执行力。

1. 严格标准要求

“高标准、严要求”是执行力的基本要求。打造过硬执行力，首先就是不折不扣地执行。在执行上打折扣有多种表现形式，如理解的执行、不理解的就不执行，合意的执行、不合意的就不执行，认为对自己有利的执行、不利的就不执行，等等。执行中打埋伏、打折扣，会造成一些本该办的事情没有办，一些本该完成的任务没有完成。在抓落实的过程中，要特别强调不折不扣，特别强调严格标准，确保执行有力、执行到位、执行不走样。

2. 勇于攻坚克难

执行的过程是解决问题、化解矛盾、攻坚克难的过程。面对困难，是迎难而上，还是绕着矛盾走；面对问题，是积极破解，还是消极应付，是检验保密干部能不能打硬仗、有没有执行力的试金石。目前，保密工作已经进入“深水区”，一些深层次、根本性的问题逐步显现，必须善于打“攻坚战”，敢啃“硬骨头”，碰到问题不绕道走，遇到困难不掉头走，看到矛盾不躲着走，定下来的事情就要坚决干下去、干出样子，开了头的事情就要坚持抓到底、抓出成效，不畏艰险、勇往直前，想方设法、攻破难关，忠实履行职责使命，真正做出一些继往开来、革故鼎新的业绩来。

3. 强化监督考核

执行是一个长期过程，必须形成科学合理的监督考核机制。明确责任，定下的事情和部署的工作，责任分解必须到部门、到岗位、到人头，做到事有专管之人、人有明确之责、责有限定之期。加强督办，领导干部对重大任务、重要项目和重点工作要深入一线、靠前指挥，亲自过问、亲手督办，用“放大镜”查实情、用“显微镜”找根本、用“望远镜”看全局，及时研究解决工作中的重大问题。重视问责，事前问责是提醒、事中问责是督促、事后问责是诫勉，建立健全保密干部考核问责机制，将问责贯穿到履责的全过程，以问责促进履责，有力督促各项工作落到实处、落到深处、落到细处。

（五）勇于开拓创新

党的十八大报告强调：“要始终把改革创新精神贯彻到治国理政各个环节。”党和国家事业发展要靠改革创新推动，保密事业发展同样要靠改革创新引领。保密干部只有始终坚持解放思想、实事求是、与时俱进，不断创新思路理念、体制机制和手段方法，才能创造性地推动各项工作落实。

1. 秉持创新精神

创新是一个生生不息、持之以恒的过程，既不可能一蹴而就，也不可能一劳永逸。同时，创新往往会遇到不理解、不配合、不支持，往往会出现失虑、失准、失误，并因此受到挫折、付出代价。每当这个时候，就要坚持用共产党人的崇高理想信念武装自己，用保密工作的优良作风激励自己，本着对国家安全和利益高度负责的态度，始终保持不畏艰险、一往无前的气概，保持淡定从容、宠辱不惊的襟怀，保持敢于拼搏、勇于创新的精神。

2. 树立创新思维

当前，保密工作不仅面临长期难以解决的老问题，更遇到前所未有的新问题。解决好这些问题，保密干部必须树立革故鼎新的气魄，具备敢于怀疑、敢于扬弃的勇气，具备敢为人先、第一个“吃螃蟹”的魄力。创新是攻坚克难，不论大小成败，都是宝贵的尝试、经验的积累，都是事业发展进步的重要阶梯。充分发挥主观能动性，多动脑筋、多想办法，积极探索适合本单位的工作思路、工作方法和工作措施，敢于打破常规、拓荒试水，敢于先学先用、先行先试，以开拓创新的勇气和魄力带动全局、盘活全局。

3. 讲求创新方法

创新要坚持求真务实、尊重规律，注重从实际出发，立足实际、符合实际，不唯书、不唯上，不急功近利、不急于求成，更不能哗众取宠、随心所欲瞎折腾。只有符合实际的创新方法，才能确保创新成果在实际工作中发挥作用、派上用场、见到成效。在具体工作中，尤其要处理好创新与继承的关系。创新不是否定过去，而是要在继承党和国家保密工作优良传统的基础上探索新办法，在总结近年来保密工作经验的基础上突破旧框框，在遵循保密工作客观规律的基础上扬弃旧思维，从而强基固本、推陈出新。

当前，保密工作领域不断拓展，新情况、新问题不断涌现。怎么改革？怎么创新？需要我们在调查研究的基础上，认真思考、深入研究。一方面，要解放思想，从思想观念和工作氛围上鼓励创新；另一方面，要明确主攻方向，积极研究和解决带有全局性、根本性、长期性的问题，以更大的决心、勇气和智慧，推动保密工作创新发展。

附　录

附录一

保密工作领导责任制落实情况检查表

序号	检查项目	检查重点	检查内容
1	保密工作领导责任制落实情况	保密委员会（保密工作领导小组）职责分工情况	查阅保密委员会（保密工作领导小组）设立的相关文件；了解其组成是否合理，职责是否明确，分工是否科学；保密委员会成员发生变动后，是否及时做出相应调整；查看单位主要负责人、分管保密工作负责人、分管业务工作负责人是否按照保密职责分工情况履行相应职责
2	保密工作领导责任制落实情况	保密工作机构设置和人员配备情况	查阅设立保密工作机构或指定专人负责保密工作的相关文件，省级公司是否按规定设立相应工作机构并配备相应工作人员，明确保密管理职责；直属单位参照执行
3	保密工作领导责任制落实情况	领导责任履行情况和保密文件批示情况	查看单位领导对上级有关保密工作指示、讲话、要求和保密重点工作部署的批示情况
4	保密工作领导责任制落实情况	党委（党组）研究学习保密工作情况	查看党委（党组）每年研究保密工作并开展保密学习教育活动的记录
5	保密工作领导责任制落实情况	保密工作会议开展情况	查看是否按要求召开本单位保密年度、季度、月度工作会议，研究部署并推进本单位保密工作开展
6	保密工作领导责任制落实情况	保密工作责任书等“四书”签定情况	查看本年度签定的保密“四书”及保密相关协议

附录二

涉密载体清退登记表

<table>
<tr><td>姓名</td><td></td><td>性别</td><td></td><td>职务（职级）</td><td></td><td>职称</td><td></td></tr>
<tr><td>涉密等级</td><td></td><td>联系方式</td><td colspan="5"></td></tr>
<tr><td>政治面貌</td><td></td><td>流动方式</td><td colspan="5">轮岗□离退休□离职□借调、挂职□</td></tr>
<tr><td rowspan="10">个人载体交接清退情况</td><td rowspan="5">纸质涉密载体</td><td>名称</td><td>密级</td><td>份数</td><td>页数</td><td colspan="2">接收人或经营人核定后签名</td></tr>
<tr><td></td><td></td><td></td><td></td><td colspan="2"></td></tr>
<tr><td></td><td></td><td></td><td></td><td colspan="2"></td></tr>
<tr><td></td><td></td><td></td><td></td><td colspan="2"></td></tr>
<tr><td></td><td></td><td></td><td></td><td colspan="2"></td></tr>
<tr><td rowspan="5">电子涉密载体（合计算机、存储介质等）</td><td>名称</td><td>密级</td><td>编号</td><td>数量</td><td colspan="2">接收人或经营人核定后签名</td></tr>
<tr><td></td><td></td><td></td><td></td><td colspan="2"></td></tr>
<tr><td></td><td></td><td></td><td></td><td colspan="2"></td></tr>
<tr><td></td><td></td><td></td><td></td><td colspan="2"></td></tr>
<tr><td></td><td></td><td></td><td></td><td colspan="2"></td></tr>
<tr><td colspan="2">所在业务部门复核</td><td colspan="2"></td><td colspan="2">保密工作机构意见</td><td colspan="2"></td></tr>
<tr><td>组织人事部门审核</td><td colspan="7"></td></tr>
<tr><td colspan="8">备注：涉密载体较多时可另附页</td></tr>
</table>

附录三

××××公司出国（境）保密义务承诺书

本人于________年_______月______日至_____________年_______月______日前往______________（国家或地区）_________________________（出国、出境事由）。保密部门已向我告知公司员工出国、出境保密规定。本人承诺，在国外境外期间严格遵守保密守则，保证履行保守国家秘密、企业秘密的义务。

承诺人签字：　　　　　　　签字日期：　　　　年　　月　　日

注：本承诺书一式两份，由本人填写，办公室保存，党委组织部备案。

附录四

××××公司出国（境）行前保密教育情况表

<table>
<tr><td>姓名</td><td></td><td>性别</td><td></td><td>出生年月</td><td></td></tr>
<tr><td>政治面貌</td><td></td><td>单位及职务</td><td colspan="3"></td></tr>
<tr><td>工作岗位</td><td></td><td>身份证号</td><td colspan="3"></td></tr>
<tr><td>出国（境）事由</td><td></td><td>前往国家（地区）</td><td></td><td>起止时间</td><td></td></tr>
<tr><td>行前保密教育情况</td><td colspan="5">1. 保密形式和保密政策规定教育；
2. 出国（境）期间应自觉遵守国家法律，严格执行公司保密规定；
3. 出国（境）期间，个人所携带的电脑、手机及其他电子产品中不得存储、处理、传输国家秘密、商业秘密、工作秘密和一切与工作有关的电子文件和资料；
4. 出国（境）期间，不得携带任何涉及国家秘密、商业秘密、工作秘密和一切与工作有关的纸质文件和资料；
5. 发生或发现保密违规或失泄密时间的处理方法；
6. 外出期间要注意保守国家秘密、商业秘密、工作秘密；泄露国家秘密、商业秘密、工作秘密，造成不良后果的，根据有关规定，要受到相应处罚；
7. 出行目的地必须和申请地一致，不得擅自改变，按时回国，严禁前往敏感国家或地区；
8. 出国（境）期间，若受到前往国家或地区专责机关的调查或不公正待遇，应保持冷静，遇紧急情况及时报告组织或当地使领馆。</td></tr>
<tr><td colspan="6">本人已知悉上述内容，并履行遵守。　　签字：　　　　年　　月　　日</td></tr>
<tr><td colspan="6">行前保密教育人（签字）：</td></tr>
<tr><td colspan="6">备注：本保密教育情况表一式两份，由本人填写，办公室保存，党委组织部备案</td></tr>
</table>